仪修文　著

标签

一个"问题少年"的逆袭

山东教育出版社

图书在版编目（CIP）数据

标签／仪修文著. —济南：山东教育出版社，2015

ISBN 978-7-5328-9059-0

Ⅰ．①标⋯ Ⅱ．①仪⋯ Ⅲ．①青少年教育—研究 Ⅳ．①G775

中国版本图书馆CIP数据核字（2015）第196168号

标 签

一个"问题少年"的逆袭

仪修文 著

主　管：山东出版传媒股份有限公司

出版者：山东教育出版社

　　　　（济南市纬一路321号　邮编：250001）

电　话：（0531）82092664　传真：（0531）82092625

网　址：sjs.com.cn

发行者：山东教育出版社

印　刷：山东新华印务有限责任公司

版　次：2015年10月第1版第1次印刷

规　格：710mm×1000mm　16开本

印　张：14.5印张

字　数：165千字

书　号：ISBN 978-7-5328-9059-0

定　价：25.00元

（如印装质量有问题，请与印刷厂联系调换）

（电话：0531-82079112）

前言
我的"标签"

嗨，大家好！我叫肖胡图。

你猜得没错，我爸爸姓肖，妈妈姓胡。我想他们决定生我的时候，一定是希望我的诞生会让他们的婚姻有更加美好的前途，也一定是盼望我长大后能够大展宏图。

目前，我的爸爸妈妈已经离婚了，我的家庭以解体而告终。虽然，我无数次被人冠以"小糊涂"的美名，但是，我依然喜欢并坚持保留这个由父母的姓所组成的名字。

名字的事情就这样了，应该怎样介绍我才好呢？十三岁，单眼皮，B型血，水瓶座……可是，我觉得这些都说明不了什么。

这样说吧：如果你是一位十二三岁的女孩儿，看到我的第一眼，你会觉得我很酷；待你仔细端详上半分钟，你会发现我很帅。如果你是一位初中男生，不用相处半天，你会觉得我不但很讲情义，而且勇于伸张正义。如果你们再看看我的课堂表现，听听我的课堂发言，就又会发现，其实我很机灵，将来成为像《最强大脑》魏坤琳博士那样的非典型魅力男神也说不定。再如果……

等一等，现在，你是不是开始觉得我超级自恋？

其实不然。自恋，并非是我的第一标签。

我的第一标签应该是"问题少年"。

说实话，第一次发现被人贴上"问题少年"标签的时候，我感觉自己就像被蜜蜂蛰了一样，无数个夜晚辗转反侧，无数个白天恍惚不安。痛定思痛以后我也发现：只要自己肯改变，摘掉"问题少年"的标签，其实也不是很难。

这本书里所有的文字，都是关于我作为"问题少年"时的纪念。这里有我的朋友张一峰、郝成龙等，他们同样被贴着"笨""傻"或者"不学习""不认真""成绩差"的标签，但是我喜欢和他们在一起，因为可以彼此支撑、互相取暖；有自以为博学多才、爱好广泛的极品老师"姬大婶"；有喜欢在我们面前展示拳脚功夫的班主任雷思仁；有朴实无华、任劳任怨的奇葩班主任甄山梅；有低调高雅、文采飞扬的闻钰老师；有各种各样但统一贴着"优秀男"标签的郑一宸、高嘉明、丁自强等，还有关于我和杨倩兮、欧阳果果和倪萌等女生的许多或青涩或美好的记忆片段。

我想告诉大家的是：被人贴上"问题少年"的标签，是一件令人伤心难过的事，但只要自己敢于改变、勇往直前，在父母、老师和其他人的关心、帮助和包容下，这个标签一定能够被彻底摘下。

记得闻老师说过：写作，可以通过讲述别人的故事，诉说自己的心事。如果写出的文字还能给人以启示，那更是两全其美的事。

我诚挚地欢迎各位同龄人、叔叔阿姨、老师、还有与我有着相似经历的朋友，耐心、静心阅读本书，以包容之心接纳我的倾诉。

如果我的故事能够说出你的心事，或者能够给你以启示，那将真的是皆大欢喜的事。

谢谢各位捧场！

目录

博学的"姬大婶"

2013年9月30日，周一，上午，第一节，语文课。

"今天太阳很好，绝不自寻烦恼。"看着阳光悠闲又肆无忌惮地穿过玻璃窗，极其温柔地凝视着初二·二班的教室，这句话忽然就跳进了我的脑海里。

一缕阳光很是调皮，时不时地在姬大婶历尽沧桑的脸上审来审去，于是，姬大婶的眼睛显得更圆，脸颊变得更红，那一条一条据说足可以夹住烟卷的鱼尾纹，在阳光的骚扰下也显得更加妩媚动人。如果再把她围在脖子上的那条五颜六色的纱巾罩在她的头上，那可真的活脱脱是一个漫画里骄傲无比的"鸡大婶"。

"两个不怎么相爱的人，又生了一个不怎么可爱的孩子，于是，这一家人就都'杯具'了。"

姬大婶一个手指点击着黑板，眉飞色舞、兴致勃勃地引用这样一句话，给我们解读早已过时的网络流行语"杯具"。

不知道为什么，我心里突然就对自己说：不幸的是，你就是那个不怎么可爱的孩子。同时，还是不知道为什么，我心里瞬间还涌上一股难以名状的伤感。唉，不说也罢。

姬大婶是我的语文老师。我竟然这样称呼自己的老师，真的是极其不尊重老师的表现。但是，其实我并无恶意。而且，在我来到这所学校以前，姬大婶的称呼就几乎众人皆知了。

据说，之所以得到一个如此可爱的称号，不仅仅是因为语文老师的嗓门高、声音大，整天始终处于吵吵嚷嚷的状态，就仿佛一只刚刚下了蛋而唯恐别人不知道的母鸡，"咯咯嗒嗒"地四处叫个不停。

据说还有一个比较重要的原因，那就是她的老公名叫姬功轶（是这所学校的体育老师）。不光是很多人一不留神就读成了姬功铁，然后有事儿没事儿地倒过来叫着玩，而且，据说这姬功轶老师是出了名的"铁公鸡"——几乎蹭遍了单位里所有人的饭局，自己始终一毛不拔。有同学曾经证据确凿地说，在洗手间里亲耳听到老师们私下议论，说每一次吃饭前，姬功轶老师都再三强调自己不喜欢吃肉，可是，一旦肉被端上饭桌，他吃的比谁都用力。更要命的是，他还喜欢梳着一种类似鸡冠的发型，久而久之，"姬大叔"的叫法就莫名其妙传遍全校了。然后，沾老公的光，本来就嗜好叽叽喳喳的语文老师也就贴上"姬大婶"的标签了。

但是，据我观察，虽然姬大叔为人吝啬小气、口碑极差，但姬大婶的日子却过得非常自在潇洒，因为她在姬大叔面前可以为所欲为。有同学就曾经看见姬大婶因为一件芝麻小事儿就把姬大叔当众骂了个狗血喷头，而姬大叔却一声不吭，任凭她歇斯底里地狂发脾气。我个人认为是因为有姬大叔多年如一日的忍让和宽容，所以姬大婶才能整天一副唯我独尊、飞扬跋扈的模样，似乎看谁都不顺眼，似乎谁都不如她见多识广。

刚来学校的时候，我就听说姬大婶知识很渊博。据说她曾经多次对自己的学生们说，她十岁之前就已经把鲁迅全集读完了。第一次听到这个消息时，我的感觉如同所有的师兄师姐那样——很是震撼！鲁迅，文学大师啊，谁不知道啊！正好我发现自己家的书橱里有不少鲁迅先生的书，就挑了一本最薄的《野草》，翻看了好几遍，就是看不懂，只好作罢。

但我曾经悄悄地上网查了查，网络资料显示：鲁迅一生写了《二心集》等十五部杂文集。文中有无情的揭露，有愤怒的控诉，有尖锐的批判，有辛辣的讽刺，有痛苦的呐喊，有亲切的鼓励，笔锋锐利，词采飞扬。鲁迅的骨头是最硬的，他没有丝毫的奴颜和媚骨。那些被他痛斥、讥讽和怜悯的人物，会因读了他的文章而感到恐惧、惊慌、卑怯，甚至无地自容。鲁迅的内心最深处是热且柔软的，是无比强大的，最痛恨的便是自欺欺人的"阿Q气"。

而姬大婶十岁的那个年代，能像她这样认真读完鲁迅全集的人，真的不是一般人家的一般孩子，当时的她就那么冰雪聪明非同常人，现在的她应该是多么的博学多才啊。

博学使人高贵，无知令人低俗。这是我偶然从一本书上看到的话。

可是，不怎么亲密地接触了一年多以后，我真的没有发现姬大婶的身上有任何鲁迅先生的铮铮傲骨风采。不过，她随心所欲自然而然展示给我们的言行，则足以说明她不仅仅"博学"，而且确实有非同寻常的表演才能。

例如：担任我们的语文老师还没到两个星期，她就在班上对我们说："看看，看看，为了你们，我的手都让粉笔腐蚀了……你们却不知道认真学习，一点儿也不知道心疼人……"然后就伸出留着长指甲、涂着红色指甲油的白白胖胖的双手，展示给我们每一个人欣赏。

当时，因为我只顾欣赏老师涂着红色指甲油的指甲了，根本就没来得及仔细寻找她手上被粉笔腐蚀的痕迹，所以，就粗浅地以为老师只是跟我们开一个玩笑，或者是趁机展示她漂亮的红色指甲。

但是，姬大婶一点儿也没有跟我们开玩笑，因为，从此以后，她开始用卫生纸包着粉笔在黑板上写字。

尽管，每堂课她写的字寥寥可数。

再例如：她经常故意把课文的作者混淆了，然后以此考验我们。

有一次上课，她问："你们学过的文章还有哪篇是朱自清写的？"

张一峰同学信口开河回答说："竹影。"

姬大婶一脸不屑道："哪儿呀，那是人家冰心写的！"

全班同学哄然爆笑，异口同声地说："那是人家丰子恺写的！"

姬大婶霎时脸红，却立马镇静自若道："我怎么不知道是丰子恺写的呢？我就是想考验考验你们，看看你们到底记住了没有！"

表演能力极强又博学多才的姬大婶，有时还会来点小幽默，惹得我们偶尔也会喜欢上她。

记得第一次见面的时候，姬大婶开腔就是一句："有人说我是阎王爷，"我心里一惊，想象不出被称为阎王爷的女老师会是什么样子，接着就听她说："我说不是，我是阎王爷他妈！"

"哈哈哈哈……"全班同学听罢非但没有害怕，反而都开心地大笑起来。

　　姬大婶继续语出惊人："你们先去打听打听我，我是多么地纯洁，我是多么地伟大！本人没什么大缺点，但是，就是有个小毛病，那就是——我火眼金睛太聪明！"

　　同学们先是面面相觑，然后又哈哈大笑。

　　姬大婶则面无表情，然后若无其事地开始上课。

　　印象深刻的还有一次，有一长相平平但超级自恋的女同学上课偷偷照镜子，被姬大婶发现了。姬大婶怒喝一声点了那女同学的名字，然后语重心长一字一顿地说："友好地提醒一句：你就别一而再、再而三地难为镜子了哈！"

　　还有，她几乎每节课都要强调一句话："上课打哈欠就是藐视中华民族，就是藐视中华民族的语言，就是藐视中华民族的语言的教授者，也就是我！"

　　迄今为止，只要她开了头，我们就不约而同地把这句话齐声朗诵下去。对此，姬大婶也习以为常，或者别无办法，只好忍气吞声作罢。渐渐地，她就不再主动提起这个话题了。

　　每当看到她因为学生不认真听讲而表现出来的又滑稽又着急的表情，或者情急之下脱口而出的狂言和乱语，我就忍不住放声大笑。

　　当然，我也常因此而受到姬大婶的特殊优待。

时隔仨月，东窗事发

我正胡思乱想着呢，突然听到姬大婶似乎怒不可遏的声音："肖胡图，你说是不是？"

对于这种怒不可遏的声音，我已经习惯了。成为初中生一年多来，老师们似乎都对我的名字有意见，课堂上谁喊我名字的时候都是用一种愤怒的腔调。

"是！"我立刻起立，声音洪亮底气十足地回答。根据经验，无论回答的内容是否对错，只要是声音大，就显示底气足，就表明我正在认真地听课，因此回答问题的时候才能够这么理直气壮。

可是，对于我的理直气壮，似乎老师们也都习以为常。尤其是姬大婶，她领教我的理直气壮和我聆听她的怒不可遏的机会一样多。

现在，她只好依然呈现出满脸的无奈，外加一缕轻视，不屑地说："有些人来到学校里,除了学习什么都做。说的就是你吧？给你脸上贴个'小糊涂'的标签，一点儿也不冤枉你。"

我不吭声，低下头应对同学们的哄笑声。但我心里却极其认同姬大婶老师的看法。的确，过去的初中一年来我就是这个样子的：每天来到学校里什么都积极做，除了学习。

我就是一个不爱学习的学生。

就在这时，班主任甄山梅老师突然推门而入，面无表情地喊道："肖胡图，你出来一下！"喊完后转身就要离开，可能又看到站在讲台上的是姬大婶，就勉强挤出一丝笑容，略显尴尬地对着姬大婶说："我找他有点急事儿。"

姬大婶虽然满脸不悦，但也没有办法，只好默许我被叫离课堂。其实，她不知道，如果正在上课的不是她谁都不敢惹的姬大婶，而是其他老师，班主任甄山梅恐怕连个招呼都不打，直接推门喊人就走。

其实甄山梅老师为人平和，对工作堪称认真负责，但就是有这么一个不太好的习惯，经常不和上课老师打招呼就从课堂上把学生叫走。我曾经听到好几位任课老师私下里对此事抱怨过，体育老师姬大叔还当着我们全班同学的面，激烈地抨击过这种行为。不过，好像没有人愿意当面给她指出来，都只是背后议论一下而已。

听到班主任喊我，我心里不由一惊，但瞬间就又立刻恢复坦然。仅是因为我上课开小差儿被语文老师点名批评，班主任就要单独叫我谈话？不至于吧。即使真的如此，也没什么大不了的，不就是停课检查嘛。

可是，如果不是因为上课不认真听讲却开小差这件事情，那又会是因为什么呢？离开座位走向教室门口的时候，我忽然又感到有点儿忐忑不安。根据经验，课堂上被班主任直接叫出教室的同学，要么是家里发生意外事故，要么就是触犯了学校的规章制度。

那么，我是属于什么情况呢？

心里敲着小鼓走出教室，我忍不住偷偷地四下张望，还好，并没有发现与我有关的任何异常情况。我也不敢多问，跟在班主任后面径直来到她的办公室。

这是我非常熟悉的场所，是我入校以来经常被迫"光顾"的地方。在过去的一年里，承蒙当时的班主任雷思仁老师的厚爱，我拥有过无数次机会伫立办公室通过面壁来打发时光。

"今天王美娜的爸爸来学校了。他说王美娜被咱班的学生敲诈了500元钱。你知道这件事情吗？"甄山梅老师表情严肃，用一双平时还偶尔温柔的眼睛威严地注视着我，让我感觉自己丝毫没有反驳否定的余地。

完了，完了，到底还是东窗事发了！我在心里大声喊叫着。

真是"要想人不知，除非己莫为"啊！没想到几个月之前发生的事情，中间还过了一个经常雷雨交加的暑假，照样又被重新提起。

看来，人家说的一点儿没错：时间是多才多艺的表演者。它能展翅飞翔，能阔步前进，能治愈创伤，能消逝而去，也能揭示真相。

我面无表情地站在甄老师面前，脑中一片空白。我不敢再看她的眼睛。我敢肯定，她那双曾经对我充满期待和希望的眼睛现在一定充满了失望，对我彻底地失望。

就在上一个星期五，甄老师刚刚把我妈妈叫到学校来谈话。据妈妈反馈说，她们俩交流了很长时间。甄老师说我与以前相比有了明显的进步：开始遵守课堂纪律了，能够尽量完成作业了。为此她还把我表扬了一番，并希望妈妈也与她配合，督促我继续努力。

妈妈回家后非常高兴。或许，这是我上初中后她所听到的老师对我唯一的一次表扬。她不但做了我最爱吃的"冬瓜蛤蜊"和"虾头芹菜"，还破天荒地主动提出，只要我学习成绩提高到大家都满意的水平，初二第一学期结束的寒假里，就带我去北京游览故宫和长城，参观北大和清华。

可是，现在，非但我的学习成绩没有发生翻天覆地的变化，这样"惊天动地"的事情却又发生在了我的身上。这叫甄山梅老师情何以堪？我忽然感觉很对不起甄老师，我也实在没任何理由为自己申辩。

因为，我确确实实参与了敲诈王美娜的事情，并且，还非常不光彩地充当了"打手"的角色。

就在我不知如何是好的时候，教导处吴主任推门进来，他看看我，然后招手把甄老师叫走了。很快，甄老师就又回到了办公室。不知道吴主任和她说了些什么，反正甄老师回来后一直没说话，沉思了大半天才平静地对我说："你先不要上课了。你把这件事情的经过写下来，必须实话实说，然后再写一写你对这件事儿的认识。"甄老师停顿了一下，又说："我对你们说过多次了，一个勇于承认错误的人，才能真正有担当地做事。"

甄老师的口气虽然比较轻，但我凭经验感觉到这件事儿的严重性。因为在甄老师当班主任的一个月里，虽然我有意无意地发生了那么多违反班规校纪的行为，但她从来没有停过我的课。

现在，既然王美娜的爸爸找到了学校，那么，校长肯定是知道这件事情了。

肯定是校长批评了教导处吴主任，然后，吴主任又问责甄老师。

看来，这一次，学校领导要亲自处理这件事情了。

不知道为什么，想到这里，我心里竟然生出些许恐惧。

甄老师给了我纸和笔，然后领着我来到办公室对面的谈话室，让我独自坐在里面，写对这件事情的回忆。

甄老师走了，我坐在那里，真的是思绪万千。我该说些什么呢？我该从哪儿说起呢？这件事儿从萌芽到发生牵扯到的人太多了。尤其是杨倩兮，我怎么能把她说出来？就算说出来，同学、老师、还有校长，谁又会相信呢？

还有，我绝对不能说出真相出卖朋友。当时，我们做这件事情的时候，大家都承诺了：就当什么事情也没有发生过，坚决不能对任何人说。现在，我要是把真相说了，就成为出卖朋友的人，那样就太不讲哥们儿义气了。而且，虽然我们有敲诈王美娜的行为，但是我们并没有真的拿到她的钱，充其量也就是"敲诈未遂"。

我第一次发现思绪是这样的乱，接着是莫名其妙的心烦。我隐约听见，第一节下课的铃声响了，桌上的纸还是空白一片。

甄老师推门进来，看到我只字未写，就无奈地拍拍我的肩膀，说："肖胡图，抓紧时间写吧！在这件事情上，你可不能继续犯糊涂了。不把这件事情说清楚，王美娜的家长是不会轻易罢休的，还是抓紧时间把事情讲清楚吧。这件事情究竟是怎么发生的？谁参加了？结果是什么样子的？写得越具体越好。"

说完，甄山梅老师拉开门就走，然后又想起什么似的，回过头来，严肃地说："肖胡图，再提醒你一句，坦白从宽啊！"然后，她就离开了谈话室。

我知道，她第二节有课。

看来，甄老师也着急了，学校对我们肯定要严肃处理了。

我呆坐在大门紧闭的谈话室里，如坐针毡，看着眼前的纸笔，心情不觉沉重起来。

看来，我被软禁了，被隔离了。

怎么办呢？我到底该不该说出真相呢？

我纠结着，斗争着。

实在没有办法了，我就偷偷地拿出手机，给杨倩兮发短信，寻求她的援助。

手机，其实是我斗胆带在身上的一枚不定时炸弹。学校明文规定不准学生带手机到学校。但我们几个家庭情况比较复杂的学生，自以为要准备随时接收来自爸爸或者妈妈的信息，所以，明知不可为，却只能斗胆违规。

"学校领导和班主任都知道王美娜的事了。说还是不说？！"我发信息给杨倩兮。

这件事情自始至终都是以她为主，就由她决定好了。

可是，左等右等，也不见杨倩兮回信息，我又不能擅自离开谈话室去找她，真是心急如焚。

大概是她没看到我的信息吧，我反复安慰着自己。

整整一节课的时间里，我都在说与不说的纠结中度过。时间在悄悄流逝，而我还是只字未写，怎么能不万分焦急啊！

最后，我决定理一理头绪，按甄老师的要求把事情的经过简单地写下来，但无论如何也不能说出这一切都是杨倩兮的主意，我想。

其实事情并不复杂

事情的经过其实很简单：那是2013年5月的一个星期六的上午，杨倩兮打电话约我去溜旱冰。

杨倩兮是我的同班同学，学习成绩不像我一样差劲，但家庭情况却和我一样糟糕。和她在一起，我有一种"同是天涯沦落人"的感觉。再说，她长得还算顺眼，虽然皮肤有点黑黑的，但眼睛亮亮的，性格活泼开朗，活脱脱一个男孩子。

说实话，我当时有点儿喜欢她。所以，接到她的电话后，我就毫不犹豫地愉快答应了。

大概是天气有点热的缘故，旱冰场上的人不是很多，绝大多数是学生。大家三三两两地聚在一块儿谈笑风生，很开心的样子。

看见杨倩兮向我挥手，我就过去了。

杨倩兮递给我一块巧克力，说："今天我请客。"然后又指着身边一个面黄肌瘦的女孩儿说："新认识的朋友，王美娜。"

那个叫王美娜的女孩儿怯怯地看了看我，没说话。我一眼就看出她是一个胆小怕事的女孩子。虽然已经是五月的天气，但她衣着厚重，穿着半新不旧的运动服和运动鞋，一看便知是街头地摊货，我断定她家也不是富裕的主儿。

不过，让我感到诧异的是：像杨倩兮这样讲究穿着、乐于结交富家子弟的人，怎么会突然愿意和王美娜这样的女孩儿交朋友呢？

看杨倩兮很平静的样子，我也不好多问。正准备换鞋下场，又听到有人叫我，回头一看，是我班的郝成龙和张一峰，他俩后面还有马小娇，似乎大家早就约好了的。

互相打过招呼之后，大家就各自换上旱冰鞋下场玩了。我们玩得很开心。除了杨倩兮，我们这几个人似乎只有在这种能够发挥运动特长的地方，才会找到自豪的感觉，所以，在滑行如风的追逐中，我们都很高兴。

只有王美娜一个人站在边上看我们玩，因为她没有旱冰鞋。

大概她不会玩吧，我想。于是就不再在意她。

玩了挺长一段时间，杨倩兮喊累了，招呼大家坐下来休息一会儿。然后又掏出钱来，叫王美娜去买几瓶矿泉水。

王美娜费劲儿地抱来矿泉水，杨倩兮一一分给大家，并把最后一瓶给了王美娜。

王美娜显然受宠若惊，表现出感激不尽的样子。看得出她的朋友很少，平时大概也没有多少钱买零食吃。

大家或快或慢地喝完矿泉水，我看看表快十二点了，提议各自回家。

这时，杨倩兮突然说："王美娜，有这么多朋友保护你，以后就没有人敢欺负你了。你说是不是？"

王美娜点点头，诚惶诚恐的样子。

"和我在一块儿，不受欺负，还有吃有喝，大姐我对你怎么样？挺够朋友的吧！"杨倩兮露出一丝笑容，脸上充满了我再也熟悉不过的狡猾，她一边朝我们挤挤眼睛，一边对王美娜说。

王美娜又点点头，手里拿着矿泉水瓶子，似乎更加不知所措。

杨倩兮又提高了嗓音说："那你用什么来回报我呢？"她两眼直盯着王美娜，样子有些凶恶，甚至连我也觉得有些不妥。

"唔……唔……我不知道。"王美娜低声嘟囔着。

"平时你爸爸妈妈都把钱放在哪里呢？"杨倩兮斜视着王美娜，"方便的时候拿一点儿给大姐花花吧！"

王美娜又点点头，讨好地说："我知道他们把钱放在哪儿，下次我给你拿一百行吗？"

"当然行啦！"杨倩兮露出胜利的笑容，"下次见面的时候一定得拿来啊！"

坐在一旁的郝成龙一听，马上就接着话茬儿说："也得给我们拿一点儿是吧？"

张一峰和马小娇就随声附和道："是啊，是啊……"

我没有出声，我觉得这是一件绝对不可能实现的事情。

没想到王美娜却痛快地说："行，也给你们拿，每人五十。"

大家痛快地答应了，然后就各自回家。

可是，接下来的几个星期，王美娜却再也没来旱冰场。当然也就没有给我们钱。听说在这期间，杨倩兮曾经带领郝成龙等人多次到她的校门口找过她，但她总是说下一次一定拿钱来，却总也拿不来。

我觉得拿不来也就算了，当时只是觉得说着好玩，本来也没有真的想要她的钱。

但是，杨倩兮却非常生气。

有一天，下午放学后，她又约了我们几个人，在王美娜回家的路上等着。

不一会儿，王美娜出现了。她似乎发现了我们，于是就想从另一条路逃走。

杨倩兮飞快地冲上去，抓住她的胳膊，并喊我们一块儿过去。

郝成龙、张一峰和马小娇都立即跑过去，我也跟着过去了。我们按照杨倩兮的要求，把王美娜拽到居民区的两栋楼之间的夹缝里。因为这里比较隐蔽，我们所做的事不会被别人看见。

"钱呢？"杨倩兮恶狠狠地问。

"没、没带……"王美娜显然很害怕，竟然浑身发抖。

"什么？"杨倩兮气恼地踹了她一脚，"你以为我们是那么好骗的？"

"就是啊！"看杨倩兮生气了，一直暗暗喜欢着她的郝成龙立即凑上前来，也踹了王美娜一脚。

王美娜哭了起来，连连告饶："明天我一定拿来，明天……"

不知为什么，看王美娜哭起来，我却一点儿也不可怜她。而且，看杨倩兮正用期待的目光看着我，鬼使神差，我竟然走上前去，拽起王美娜的胳膊说："走，现在就回家拿去！"好像只有这样才能证明我的男子汉气魄。

杨倩兮见大家都在拥护她，就更加来劲儿了。她猛地拽下王美娜的书包，使劲儿推了她一下，大声说："回家拿去，回家拿去！拿不来钱，就别想要书包了。"

王美娜擦擦眼泪，无奈地往家走。

我们都若无其事地紧紧地跟在她的身后，就像有人驱使着我们似的。

到了王美娜家的楼下，杨倩兮让她一个人回家，我们则在楼下等着。

那时候，我不知道自己在想些什么，不知道王美娜是否真的会拿钱来；如果她真的拿钱来，我不知道自己是不是真的敢要。我似乎不敢多想了，但觉得这件事情很刺激、很过瘾，就像电影里的一样，心里仿佛还有一种胜利在望的喜悦。

可是，左等右等，一直不见王美娜下楼来。

杨倩兮不耐烦了，对我和郝成龙说："你们两个男的上去看看，她家住在楼顶东户。"

我和郝成龙对视了一下，不知为什么，我们都没有立即上楼。

杨倩兮见状，就走上前分别拍了我们一下说："走，我们一块儿上去。"说完，她就开始上楼，我们几个也都默默地随之跟了上来。

到了王美娜家门口，我们轮流敲门，可是没有人开门，也没有人回应。"王美娜，我知道你在里面，快出来！"杨倩兮大声喊叫着，并用力地敲门。马小娇和郝成龙也不甘示弱地大声喊王美娜的名字。

过了也就几分钟吧，门突然被打开了，露出一张黑乎乎油亮亮的中年男人的脸："你们干什么？滚、快滚、滚！"他好像还没有睡醒，极其不耐烦地对着我们吼道。

突如其来的男人把我们吓坏了，大家不由自主地丢下王美娜的书包，逃命似的飞奔下楼，并很快作鸟兽散状各自回家。

我原以为，王美娜一定会把这件事情告诉自己的爸爸，然后她爸爸就会找到学校里来，然后我们就会挨批评写检查。所以，在接下来的那些日子里，我一直感觉有点儿不安，课堂上做小动作的行为也有所收敛，作业也尽量按时完成了。

关键时刻，多一事不如少一事，我对自己说。

郝成龙、张一峰还有马小娇大概也和我一样，都表现得像个乖孩子似的。只有杨倩兮一如既往，还是那么高傲，回答问题的时候还是那么慷慨激昂，就像什么事儿也没有发生似的。

这让我自叹不如。不过，也不足为奇，她学习成绩优秀，嘴巴甜会说话，深得老师们的喜爱，而且，她还是学校学生会的纪律委员，以检查严格、不讲情面著称，所以，即便是东窗事发，无论老师还是同学，是没人会相信她竟然干这种事情的。

每当想到此，我就觉得我和杨倩兮之间有着很大的距离，这让我落寞的时候又时常有些难过。

……

"肖胡图，想什么呢？肖胡图！"熟悉的声音在耳边响起。

啊，我……我仿佛从梦中醒来。

甄老师已经推门进来。她一看我面前的白纸上仍然空无一字，似乎有些生气了。

"肖胡图，想了整整三节课的时间了，你什么也没写，你是不是不想让这件事情结束啊！"甄老师指指手表，"你看，现在已经放学了。"

天啊，我也大吃一惊。这么说，我已经坐在这里一动不动近两个小时了？想了那么多的事情，精力还那么集中，这是上初中以后从未有过的现象。

只是，老师让我做的事情我没有完成，又不知该如何收场了。

"先回家吃饭吧，"甄老师说，"好好考虑一下，这件事情究竟应该不应该说。你希望学校怎么处理，我希望你实话实说。"

听甄老师这么说，我仿佛获得大赦，立即飞也似的离开了谈话室。

我不知道杨倩兮他们知不知道这件事情已经败露了，我想告诉他们赶快向老师坦白。反正我们又没有真的拿到钱，主动认错，学校会对我们宽大处理的。

杨倩兮出人意料

走到我家的楼下，杨倩兮突然从拐角处闪了出来，后面紧跟着的是郝成龙、马小娇和张一峰。

"王美娜的事，你全说了吗？"她面无表情地问我，原来她已经知道了。

"我什么也没有说，干坐了一个上午。"我说，"我给你发短信你没回，我还以为你没带手机呢。对了，你们是怎么知道这件事的？"

杨倩兮露出了诡秘的笑容，说："你以为王美娜她爸爸就告发了你一个人？我们几个都被告发了。"

郝成龙也赶紧说："你被甄老师叫走以后，我们也被单独叫到别的屋里写材料了。我只写了一点点儿。不过，我没有说出杨倩兮。"他非常讨好地看着杨倩兮。

"他妈的，王美娜真不够朋友！竟然告到学校里来了。"马小娇和张一峰气愤地说。

"还得找个机会收拾收拾她。"杨倩兮恶狠狠地说，好像非常生气的样子。

"不过，"杨倩兮又说，"今天上午，我也被叫到教导处吴主任办公室去了。为了安全起见，我把事情的经过写了下来，不过是轻描淡写，你们不会有事儿的。"杨倩兮轻描淡写地说，然后看着我，"肖胡图，我们都说了，你也赶快招供吧。但是记住，千万别说打她的事儿，那样的话，后果就严重了。"

"好吧。"我沮丧地说。

大家没有再说什么，彼此心事重重地分手了。

上楼回家的时候，我很失望，有一种被抛弃的感觉。

我为了保护他们而纠结了一个上午，他们却撇下我，各自早早地招供了。这是什么朋友啊！我心里忽然莫名其妙地恐慌。肇事团伙中其他人都坦白从宽了，我一个人却还在负隅顽抗，甄老师会怎么看我啊，一定会认为我顽固不化而更加严厉地处置我了。

我甚至感到有些后悔，后悔自己没有早点坦白交代。

可是，我竟然还有点感激杨倩兮，她能在我家楼下等我，并及时告诉了我应该怎样做。否则，我可能还会继续隐瞒下去的。

唉，事情怎么会弄成这样呢？我不愿再多想了。

今天妈妈到工地去了，中午不回家吃饭。她昨晚就准备好了我最喜欢吃的菠菜，让我今天中午自己炒了吃。可是，我哪有心思炒菜吃啊，只煮了两个鸡蛋匆匆吃完，我就坐下写材料了。

虽然上午想了那么多，可是等到真正坐下来写，却又不知该从何写起了。吭哧了半天，只用半张纸简单地写了事情的经过，我就觉得无话可写了。

也许，是我的作文水平有所退步的缘故吧。我就是有这么一个优点——总是及时地给自己找到合适的安慰。

下午一到学校，我就把自己写的材料交给了甄老师。满以为老师看完后会立即让我去上课，没想到她却说："钱是怎么分的？"

"根本就没有拿到钱，分什么？"我感到很吃惊，同时又觉得很委屈。

"王美娜都告诉我了，"甄山梅老师平静地说，"上个星期天，她从家里偷拿了五百元钱给了杨倩兮，杨倩兮对她说你们几个把钱平分了。"甄老师的语气非常肯定。

什么？我简直不敢相信，像王美娜这么软弱的小女孩儿，竟然也会这样血口喷人！

"我真的没拿钱！"我辩解。好汉做事好汉当，真是我做的事情，我一定会承担；但没有做的事情，打死我也不会承认的。

"好，你先等一会儿。"甄老师叫人把郝成龙、马小娇和张一峰都叫了来。

"告诉我，你们到底把钱怎么分的？"甄老师更加严厉地问。

"什么钱？"郝成龙、马小娇和张一峰显然也感到很奇怪，"我们真的没拿到钱！"他们几乎异口同声地说。

"你们敢保证吗？"甄老师加重了语气，不容丝毫欺骗的样子。

"当然敢保证！""当然敢保证！"

我、郝成龙、张一峰和马小娇都争先恐后地表态。

"好吧，你们回去上课。"甄老师示意我们离开，然后又说："马小娇，你把杨倩兮叫来。"

走出办公室，我们面面相觑，不知杨倩兮还犯了什么错。

回到教室，我如释重负又忐忑不安地上音乐课。我以为把材料交给老师了，这件事情就结束了；但是，刚才老师的问话加上杨倩兮被叫走，似乎说明这件事情还没有结束。我不知道后面会怎样发展。

音乐课结束以后，杨倩兮才回到教室。我们几个急忙围上去问她又发生了什么。可是她一句话不说，脸色非常难看，还有些不耐烦，我们也就知趣地不再问她了。

又过了几天，甄老师把这件事情的处理结果告知了我们。那个时候我才知道，杨倩兮不仅纠集别的学校的学生去问王美娜要钱，多次把王美娜打得鼻青脸肿，而且就在上一个星期天，她真的逼着王美娜从家里偷了五百元钱给她，还告诉王美娜说我们几个把钱平分了。

我感到非常震惊，也似乎认清了杨倩兮的真实面目。以前，我只是觉得她表面冷漠、自私、虚伪，具有与年龄不符的世故和强悍，但是她的内心其实更加不堪一击，更渴望被人关爱。可是，现在，她竟然以我们的名义敲诈王美娜，而且连我们也欺骗。这算什么好朋友啊！我开始不喜欢她、甚至有些讨厌她了。

不过，学校对杨倩兮的处理也真够严厉的。不仅全校通报批评，校学生会还撤销了她的纪律委员的职务。当然，我、郝成龙、马小娇和张一峰都写了书面检查。

事情似乎就这样结束了。我感觉自己和杨倩兮的关系也开始有了不可抗拒的缝隙。女孩儿一旦缺乏善良，就丑陋无比。我经常这样胡思乱想。杨倩兮也好像有意跟我疏远了，不再有事没事地找我说话。这又让我感到有点儿小小的失落。

不过，没有关系。甄山梅老师说过：近朱者赤，近墨者黑。虽然我属于不爱学习、乐于无聊的待优生，但我也不喜欢和道德品质差的人在一起玩儿。所以，这样的朋友，不要也罢。

爸爸一失足成千古恨

王美娜事件之后，我、郝成龙、张一峰等几个在学校里的时候都收敛了很多。尤其是我，不再与杨倩兮为伍了，竟然觉得是一种解脱。但究竟解脱了什么，我也说不清楚。

一天，因为英语课代表闹肚子，忙着跑厕所，就让我帮他去办公室拿作业本。我抱着作业本刚离开办公室的门，就听到有一位老师说："甄山梅，你们班的那些问题少年最近怎么样了？"

说这话的一定是坐在甄老师对桌的那位黄头发女老师。刚才我去找甄老师的时候，从走进办公室的那一刻起，我就感觉她在用那双不大也不明亮的小眼睛瞄着我。

我没理她。我不喜欢这样的老师：土黄色的头发中间，是一张粉渣乱颤的脸，两条相当夸张的眉毛环抱着一双黑乎乎的眼睛。这哪是一位老师啊，简直就是某些电视节目里展示的某些"小姐"。幸亏她不教我，否则，看着她上课肯定是一种折磨。当时我想。

但是，现在，就连她这种素质的人竟然都说我是问题少年！我感觉自己的后背"啪"的一下就被人贴上了一个硕大的标签。我忽然感到，自己的心里开始不断地产生悲哀的肥皂泡。我好像真的很伤心！

我一直以为自己只是因为父母离婚而心情不好不愿意学习，只是满足于凭借偶尔认真听讲获得不属于年级后几名的成绩而已，但我一直自信我的道德品质没有任何问题。

但是，现在，我竟然成了一个自身问题多多的老师眼中的问题少年。看来，王美娜事件发生以后，在大家眼里我就更加名副其实。

回想我在小学的时候，曾经也是学校里的佼佼者，曾经也是志存高远、勇往直前的阳光少年。现在，竟然成了别人眼中丝毫不用躲闪、不折不扣的问题少年。悲哀！真的是很悲哀啊！

抱着作业本回到教室里，我的情绪跌落谷底。据说音乐老师外出学习了，甄老师就让我们上自习写作业。其实我们都喜欢上自习，虽然不能高谈阔论，不能随意走动，但可以早早把作业完成，对我这样的人来说，还可以让自己思想的野马有时间任意驰骋。

但现在，我坐在位子上，脑海里不再有驰骋的野马，相反地，我感觉自己的心里忽然没有了着落，无心无力做任何事情了，那个硕大的标签一直在我眼前闪现，只剩下默默无语两眼无泪，耳边响起嘲笑之声。

我怎么就成为"问题少年"了呢？

我是从什么时候开始变成"问题少年"的呢？

其实，上初中以前，和大多数同学一样，我也有一个还算幸福美满的家。妈妈是建筑设计师，爸爸是公务员。虽然他们的工作都非常忙碌，但他俩的关系不是很差。妈妈一边工作，一边精心照顾我，每天都很辛苦。爸爸经常出差，懂得妈妈的辛苦，所以每一次出差回来，都给妈妈买漂亮的衣服，当然也给我买书和玩具。所以，记忆中，我的童年是充满快乐和幸福的。

那个时候，放学回家之后，我就主动自觉地认真写作业。有时候也独自看看电视动画片。学习成绩虽然不是特别突出，但在我们班里也是属于前五名。邻居奶奶每当见到我，不仅夸奖我长得漂亮（好像用词不当），还夸我懂事、学习好，反复地说我爸爸妈妈有福气。

那时候的我，感觉真的是好极了！

可是，就在盛传世界末日即将到来的2012年的那个夏天，我小学六年级毕业考试前的那个六月，我家的天空突然就像蒙上了一块硕大的黑布，再也看不见阳光，甚至也失去了氧气。我的心经历了一场几乎让我失去生命的暴风雨。也就是从那个夏天开始，我就成了霜打的茄子，再也抬不起头来了。

这件可怕的事情，起源于我爸爸的病。

那些日子，吃饭时我经常听到妈妈焦急地询问爸爸的病情。爸爸吞吞吐吐，支支吾吾，似乎不愿意说，或者说不清楚。妈妈的脸上失去了往日的笑容，她还把被子抱到我的屋里，和我挤在那张小床上。

这在以前是从未有过的。我不知道他们之间到底发生了什么事，但我感觉到肯定非常严重。

果然不出所料，不久后的一个深夜，我被争吵声惊醒了。妈妈没有躺在我的身边。我轻轻地下了床，虽然隔着门，但我还是清楚地听到了他们之间这样一段让我终生难忘的对话：

妈妈："我给你洗衣服的时候，看见你裤兜里的药了。你说，你为什么会得这种病？你快说，到底是因为什么？"（好像在抽泣）

爸爸："我怎么知道！"（似乎不耐烦）

妈妈："你不知道？你不知道怎么会长这种病呢？别人不长偏偏长在你身上？一个洁身自爱的人，怎么会生这种病？你还是说实话吧，是不是和做皮肉生意的女人鬼混了？"（不容置疑的口气）

爸爸："……"（长久的沉默）

妈妈："都到了这个份儿上了，再隐瞒也没有必要了，你还是实话告诉我吧。"（声音放轻了）

爸爸："是……可是……"

妈妈："好，好吧！你鬼混得了那种病，我也没有什么好说的了，我们离婚吧！"没等爸爸说完，妈妈就斩钉截铁地说。

我实在不能再听下去了。根据防盗门上经常塞着的小广告的介绍，我已经清楚地知道爸爸得了什么病了。

怎么会这样呢？他们竟然要离婚了。

我不顾一切推开房门，一把抱住妈妈："妈妈，别离婚，别离婚！"妈妈也紧紧地抱着我，然后就"呜呜"地大哭起来。

我第一次看见，平时温文尔雅的妈妈像个街头泼妇似的这样放声大哭。妈妈是一个完美主义者，我想她可能因为这件事伤心至极了。

爸爸开始治病。但据我观察，他根本就不好意思到大医院去，只好到小医院甚至个体游医那里去买药、打针。

妈妈与以前相比简直判若两人。虽然她照常上班，下班后也仍然及时回家做饭，但她几乎没有了笑容，除了偶尔问问我的学习情况，在家里也几乎不再说话。除了在书房看书或者修改图纸，就是唉声叹气或者一个人默默地流眼泪。

我不知道自己是怎样复习功课的，也记不清是如何参加毕业考试的。只记得我的考试成绩出奇地差，用语文老师的话说就是"一落千丈"。他没有问我成绩差的原因。其实，他就是问我，我也不会告诉他的，我不会把自己家的这件事告诉任何人。

强迫症突然来袭

小学毕业考试结束后，我几乎天天待在家里。看着爸爸妈妈互不理睬的样子，尤其是妈妈很不开心的样子，我心里感到非常着急，却又无能为力。

就在这个时候，更为可怕的事情，竟然发生在了我的身上。

不知道为什么，我忽然就对爸爸产生了厌恶的情绪。

我认为妈妈之所以和爸爸冷战，主要是因为爸爸在外面和女人鬼混染上了脏病。所以，在我的心里，爸爸变成了一个很脏很脏的人。

我不愿意看见爸爸，不愿意接他的电话。在家里，坐了爸爸经常坐的沙发，拿了爸爸经常拿的电视遥控器，还有碰了爸爸碰过的门把手，我心里就厌恶得不行，就赶紧去洗手，而且老觉得怎么也洗不干净，以至于每天起码洗手二三十次。

这绝对不是正常的事情。

我不再用爸爸用过的碗筷，虽然妈妈当着我的面已经洗过无数次了，最后逼得妈妈没有办法，只好全换了新的。有时候，我甚至忍不住想向爸爸吐口水，不由自主地骂他，不准他再踏进我家的大门。我感觉爸爸回家后就会弄脏了家里的一切。

爸爸对我的行为当然很不能理解。有时候，面对我的不礼貌行为，他甚至想抬手打我。这就更加剧了我对他的厌恶。

我感到很奇怪，很困惑，后来又感到很恐慌。我怀疑自己得了什么病，而且需要治疗。

但我不敢对妈妈讲，也不愿意对爸爸说，只好上网查看资料，发现这是一种强迫症的症状。我看了有关强迫症的原因、症状、危害等，知道这是因为爸爸妈妈的关系紧张，给我思想上带来沉重的打击，让我感到紧张、焦虑、痛苦、恐惧和明显的不安全感，然后出现的症状。

我特别关注了轻度强迫症的自我治疗方法：

一、及时交流。多和亲友交流自己的看法和感受，多与那些关心自己的人待在一起，他们能提供良好的心理支持。

二、承认现实。承认现实不幸已经发生，所有的创伤已经形成，既然已经无法挽回，就该宽慰自己、承认现实，其结果会比垂头丧气、痛不欲生好得多。

三、自我调整，远离悲伤。生活中的痛苦创伤和挫折常给人带来心理上的压抑和焦虑，如果一味地憋气愁闷、颓唐绝望，其实是用已发生的不幸在心理上惩罚自己。善于心理自救者，能学会将消极情绪转化为积极情绪，努力化创伤为动力，将不良情绪升华为一种力量，投入到对己对人对社会都有利的事情中去，在获得成功的满足时，也消除了压抑和焦虑情绪，达到积极的心理平衡。

四、转化视角。有时候，同一现实或情境，如果从这个角度来看，可能引起消极的情绪体验，陷入心理困境；而从另一个角度来看，就可能发现积极意义，从而使消极情绪转化为积极情绪。

五、适度宣泄。当一个人受到创伤时，用意志力压抑情绪，谈笑自若，这样只能缓解表面紧张，不能解决根本问题，还会陷入更深的心理困境，带来更大的心理危害，所以要适度宣泄自己的情绪。

我尝试着自我治疗，可是感觉太难了。我不想和任何人交流爸爸妈妈就要离婚这件事情、不能面对这个现实。一想到他们要离婚我就感到很悲伤，除了偶尔打打球宣泄一下，我也改变不了看待这个问题的视角。我一边不断地反复地洗手，同时也暗暗着急起来。

妈妈终于感觉了到我的异常，带着我来到医院看心理门诊。

医生问了许多有关爸爸妈妈关系状况的话，妈妈都一一诚实作答。最后，心理医生诊断我患上了轻微强迫症。

我清楚地听见医生对妈妈说："因为父母的婚姻关系紧张，孩子被过度卷入父母关系，他这是替你表达对你丈夫的不满。孩子的这些症状，实际上传递出一种尝试减轻、解决父母痛苦的求救信号。"

医生还对我说："如果你越是注意就会越是敏感。你现在非常不能接纳这种'脏'的感觉，很逃避这种感觉，总是试图在通过反复的洗手行为来消除，其实这样反复的行为或许能暂时使你心里感到舒服，但是，就是那暂时的舒服感，会让你对这种行为越来越上瘾，从而陷入一种恶性循环。俗话说，不识庐山真面目，只缘身在此山中。你现在身困其中，完全被自己主观的情绪和念头牵着走。你现在需要做的是：先放下这些感觉，不去理会它，暂时离开一段时间，你再回头去看的时候，你就会有新的发现，你就会真的觉得以前的那些行为是没必要的。"

我实在听不懂医生说的话，我估计妈妈听了也是一头雾水。可能医生看我俩都是满脸茫然，就不再用专业的语言进行分析了，就明确地告诉我们说："可以通过每天减少洗手的次数而逐渐好起来，比如以前每天洗六次，逐渐减少到五次，再减少到四次，然后是三次，两次，最后到正常。"

医生强调说："要慢慢来，不要想着一下子好起来，欲速则不达，要顺其自然，接纳自己的状态，这样才能够好起来，如果你排斥现在的强迫，就违反了顺其自然的规律，就会很难好起来！"

然后又提醒我说："你可以这样告诉自己，我不洗手了，脏就脏，染病就染病，不在意，不在乎，自然也能达到顺其自然的效果！"

最后，医生和我们一起制订了治疗方案、确定了目标、约定了时间等等。因为之前通过上网查看资料，我对自己的症状已经有了了解和认识，所以，我乖乖地听从医生的建议，开始接受治疗。

经过一个多月的辅导和治疗，我慢慢地感觉爸爸"不再脏了"，也就不再没完没了地洗手了。

在我接受心理治疗的那段日子里，爸爸妈妈的关系似乎改善了许多。有时候他们不但一起陪着我去找心理咨询师，而且一起坐在那里接受心理咨询师的辅导和帮助。

我忽然觉得自己的强迫症得的真是时候，我甚至充满信心地以为，或许，因为我的强迫症的存在，他们就会和好了呢。慢慢走出强迫症的迷雾，我曾经这样地暗暗庆幸过。

妈妈此恨绵绵无绝期

可是，事与愿违。

虽然我不再厌恶爸爸了，但这并不能挽回他们的感情。我不能彻底解决爸爸妈妈之间的问题，也不能回到以前无忧无虑的生活中。

我刚刚摆脱强迫症的纠缠，爸爸和妈妈的关系就继续出现前所未有的冷战。

爸爸不断地打针吃药，钱花了不少，可是似乎不见效。这使得爸爸的心情雪上加霜，几乎坏到了极点。

他开始酗酒，可能是借酒解愁吧。

妈妈似乎变成了木头人，她没有像以前那样鼓励、劝说和帮助爸爸，而是不闻不问、放任自流。

我很着急。我想起了远在北京工作的叔叔，于是就给他打电话，请他帮帮爸爸。于是，叔叔把爸爸叫了去，并陪着他到当地的大医院进行了检查，并住院治疗了几天才回家。大概这次治疗很有效，因为我看到爸爸的心情好像比以前好点儿了。

只是，妈妈仍然不和他说话，他就仍然酗酒。

离开学的日子越来越近了。按理说从小学升入初中，换了老师换了学校，是一件既让人新鲜又让人兴奋的事情，可是我却一点儿也开心不起来。爸爸妈妈各人忙各人的，谁也没问问我就要成为初中学生了有些什么想法。

他们继续冷战，好像忘记了我的存在。

更可怕的是，爸爸酗酒不久以后又多了一个毛病：骂人。他不停地骂妈妈脾气倔强，不原谅他、不理解他，还开始骂我。

妈妈一直忍着，不和他对骂，但也不理他。就这样持续了一段时间之后，终于有了一次彻底爆发，而且一发不可收拾。

开学前几天的晚上，妈妈主动帮我整理书包，跟我聊了很多她上初中时有趣的事情。我很高兴，仿佛又找回了以前温馨的感觉。

然而，就在那个时候，爸爸喝得醉醺醺地回家了。他看见妈妈坐在沙发上，便伸嘴想去亲她。

我好高兴，我想他们就要和好了。我正要悄悄地躲开，妈妈却迅速避开爸爸的脸，并抬手给了他一个耳光。

这个耳光声音很响亮，我愣住了，爸爸却被打恼了。恼羞成怒的他接着抬手也打了妈妈一个耳光。

妈妈哭了，发疯似的和他扭打在一起。

我哭着喊着叫他们住手，并伸出手想把他们拉开。可就在这时，爸爸突然飞起一脚把我踢到了防盗门上，我立即昏了过去。

等我醒来，发现自己已经躺在姥姥家里了。其实这不是姥姥真正的家，姥姥的家原本在乡下。我出生以后，姥姥就从老家来照顾我和妈妈，当然就住在我的家里。但我上学以后，爸爸就说房子小四个人住拥挤不堪，就想让妈妈把姥姥送回老家去。其实，我隐隐感觉到，爸爸是嫌弃姥姥有肺气肿病，一到冬天就咳嗽不停。但妈妈说姥姥年纪已大，不放心她一个人在老家。于是，为了方便照顾姥姥，妈妈就在我家不远的小区里给姥姥租了这个一居室的小房子。为这事爸爸和妈妈还闹过意见呢。

妈妈坐在床前，头上缠了纱布，脸上还有一道道被抓伤的痕迹。

姥姥心疼地看着妈妈和我，一遍一遍地说："怎么这么不小心呢？怎么这么不小心呢？"

原来，妈妈告诉姥姥说，是我俩不小心从楼上滚落才磕伤的。但妈妈却把真实的情况告诉了我：爸爸一脚把我踢伤后，又把妈妈打伤。妈妈忍着痛打电话叫了出租车，把我送到医院做了检查，大夫确诊没有内伤后，妈妈又让医生对自己的伤口进行了包扎，然后就带着我来到了姥姥的家。我想当时的爸爸简直是丧心病狂了。

从此以后，以养伤的名义，我和妈妈就在姥姥家住了下来。

从此以后，我的心也就像姥姥家的那间堆满杂物的小厨房一样拥挤不堪，我似乎再也喘不过气来了。

我就是带着这种心情迈入初中的大门的。

开学那一天，老同学笑容满面，新同学兴高采烈。

只有我，一个人，像个影子，无声无息，毫无生气。

在姥姥家住的那段日子里，爸爸来过几次，想让我和妈妈回家。

说实话，我真的想回去。不管怎样，他毕竟是我的亲生父亲，那儿毕竟是我们自己的家啊！再说，自己的家比姥姥家宽敞舒服多了。

可是，妈妈丝毫没有回去的意思，始终不给爸爸一个台阶下，哪怕是一次笑脸相对。

后来，我仔细想了想，妈妈的做法也可以理解。是爸爸做了对不起她的丑事儿，却还打伤了她，怎么叫她不伤心呢！不过，虽然我不再厌恶爸爸了，但自从爸爸踢了我一脚，虽然我知道他是喝了酒才那样做的，但我心里对他也产生了一些恐惧。

我不知道，即使是回家以后，我还能不能像以前那样轻松愉快地和爸爸相处。

新学期的新学科丝毫没有引起我的兴趣。新老师们都比较年轻，听说几乎都是从正规师范大学毕业的，想必讲课也不错。可是我从来就没有安心地听过一次课。每当课堂静悄悄的时候，每当别人在读书或者做练习题的时候，我的思绪就不由自主地回到了家，就想起了爸爸妈妈。妈妈昔日甜美的笑容，爸爸过去开朗的笑声，现在对我来说，是那么的陌生，是那么的遥不可及。

我觉得自己被贴上"不幸"的标签，已经没有什么明天了。

姥姥家的那只被关在笼子里养着的母鸡成了我唯一的朋友。每当放学回去，我总是待在笼子前看它一会儿。它瞪着圆圆的小眼睛默默地看着我，好像明白我的心事似的。

我也不明白，自己作为一个男孩子，怎么忽然变得如此多愁善感了呢？

快过中秋节时的一个星期天，快到中午了，姥姥买菜还没回来，爸爸又来到姥姥家。他瘦了，但打扮得非常得体，显然是用了心思的。可是他的脸仍然很红，肯定又喝酒了。

"爸爸，你来了。"我不由自主地叫他，同时，我也闻到了浓浓的酒气。

"啊……"爸爸似乎很激动。他递给我一个新书包，还在我的头上轻轻地拍了一下，然后就进屋了。

我觉得自己好像要掉眼泪了，不由自主地跟着他也走进屋里。

当时妈妈正在厨房里打扫卫生，她看见爸爸进来，冷冷地瞅了他一眼，没有说话，低下头去继续洗刷。

爸爸有些尴尬，但他突然双腿一弯，"扑通"一声就跪在了妈妈的面前。

爸爸的举动把我惊呆了，妈妈显然也吃惊不小，她下意识地站直了身子，不知如何是好。

"原谅我吧，我的病已经治好了，我保证以后绝对不会再做那样的事儿了，绝对不会！"爸爸似乎早就想好了，背台词似的，低着头，嗓音沙哑地说。

妈妈的眼泪立即就流了出来。她赶忙扭过头去，冷冷地说："你走吧，我不想再见到你。"

爸爸伸出手来想抓住妈妈的手，可是妈妈迅速躲开了。她用力擦了擦泪水，仍然冷冷地说："我已经决定了，咱们还是离婚吧。"

"你还真来劲了！"爸爸的急躁脾气又来了，他猛地站起来，大声吼道，"给你脸你不要是吧？我不就是被人灌醉了，跟着他们犯了一次错吗？你用得着这样不依不饶的吗？想离婚，哼，告诉你，连门儿都没有！绝对没有！"他的脸色简直没法看了，他拽开门，头也不回就走了。

我愣在那里，刚刚燃起的希望之火瞬间就被熄灭了。

我的家啊，难道就真的要破碎了吗？

妈妈啊，难道你就真的不能原谅他吗？

爸爸啊，难道你就不能不喝酒再来吗？

我开始恨起他们来了，我恨爸爸管不住自己染上脏病；我恨妈妈眼里揉不得沙子变得冷漠无情。我甚至觉得他俩也许根本就没有真正相爱过，否则爸爸就不会去找别的女人，妈妈也不会这样彻底绝情。

看看身边同学的父母那么相亲相爱、那么和睦，为什么我的父母却走到了这样的地步！

看来，我的生活注定要这样暗淡无光地过下去了。

妈妈真的要离婚了。姥姥不在家的时候，她反复地问我：如果父母离婚，我是否愿意跟她住。开始的时候，我毫不犹豫地说当然愿意。可是她问的次数多了，我就不得不认真地想一想了。

一旦他们真的离婚了，我不就成了无父或者无母的人了吗？更悲惨的是，也许不久以后，我就必须得与一个后爸或者后妈或者所谓的"兄弟姐妹"一起生活。我怎么和他们相处？我怎么和我的同学介绍他们？

所以，妈妈再问这个问题的时候，我就央求她："妈妈，不要离婚，相信爸爸会改好的，再给他一次机会吧！我愿意和你们一块儿过。"

然而，妈妈离意已决。她是建筑设计师，但她也曾经自学过法律，妈妈自己写了起诉书，起诉到了法院。法院先是进行调解，多次劝说妈妈为了孩子要慎重考虑。

这期间，爸爸也多次来找过妈妈，可是每次都以争吵开始，以不欢而散结束。

那段日子里，我觉得自己就像一根稻草，被卷在狂风里，一会儿飞向天空，一会儿落入泥地，然后走走停停、游游荡荡、不知所往。

而且，每当听到同学说自己的父母如何如何相亲相爱，我心里就非常不舒服，就感觉别人好像知道我家的事，故意说话气我似的。所以，我就莫名其妙地冲人家发火，甚至无缘无故地和人家吵架。

于是，本来就不熟悉的男女同学都开始疏远我，这也正合我意。

当时，我根本就不想让别人靠近我，更不希望别人了解我。

终于，2012年的最后那个月，在全世界人民都欢庆世界末日并未出现、欢天喜地准备迎接2013年到来的那些日子里，几经周折，我的家终于还是被法院的一纸判决书解体了。

陷入末日心情的我，不得不跟随妈妈从"家"中彻底搬了出来，开始了真正的母子相依为命的生活。

离婚的时候，妈妈只开走了自己的车。她嘱咐我不要让姥姥知道这件事情，她担心姥姥看到我们会难过，就在我学校附近租了一套一居室的小房子，在一楼，又阴冷又潮湿，我觉得连姥姥的家也不如，比我的家就差得更远了。

我真的百思不得其解，放着好好的自己家的房子不住，却执意要离婚，选择过这样的生活！

法院把我判给了妈妈，我也只好跟着她。我知道爸爸也想要我，可是妈妈说他经常出差，时间不固定，抚养孩子不方便。

我觉得其实爸爸挺可怜的，一失足成千古恨，落得个妻离子散的结果。但又觉得他也是自作自受，一个管不住自己的男人，就应该自食其果。

我就这样矛盾着。日子仍然如同白开水一样平淡无味。

爸爸妈妈离婚了，我的家庭解体了，活着都没有什么意思了，哪里还有心思学习呢。所以，我不认真上课，也不屑于做家庭作业，各科老师们就屡屡找班主任告状，反映我自暴自弃、玩世不恭的情况。

当时的班主任叫雷思仁，一位一心想干出成绩却总是混乱无头绪的年轻老师，可能是正好抓住整治我的时机，也可能是迫于家长们的压力，或者是听从某些任课老师的建议，他把我调到了班里最后一排，而且让我一人独坐。

于是，我就开始了背靠垃圾桶、面对所有同学背影的精彩生活。

雷思仁说，什么时候我遵守课堂纪律并按时完成作业了，什么时候再把我调到前面去。

我感觉一切都无所谓，自己什么也不在乎了。

可是，不知为什么，每当英语老师甄山梅找我谈话的时候，我又总是突然产生一瞬间的愿望——想努力学习的愿望。

然而，这真的仅仅是一瞬间而已。一回到那个班里，一看到杨倩兮、郝成龙他们，一想到爸爸妈妈，我的心就会马上恢复原状。

因为，我对我的家已经丧失了信心，我对自己已经丧失了信心。

可能，就是从那个时候开始，我就一步一步变成了老师们眼中的"问题少年"。

他们是组团来的吧

那天，放学回家，我的心里还在继续翻腾着回忆的浪花。

我在反思，自己沦为问题少年的罪魁祸首究竟是什么。

我想我之所以沦为问题少年，大概也与杨倩兮、郝成龙、张一峰他们有关。

来到这所学校，来到这个班，我认识的第一个同学就是杨倩兮。

她是我的第一个同桌，也是第一个对我敞开心扉的人。

杨倩兮告诉我说：她爸爸妈妈是大学同学，老家都在外地的乡下。他俩大学毕业后就来到这座城市工作。妈妈喜欢交际，追求刺激。爸爸老实本分，性格内向。自从她记事起，她的爸爸妈妈就没有停止过吵架，她也从来没有感受到家庭的温暖是什么滋味。现在她的爸爸妈妈已经离婚了，而且各自又结了婚。

知道了她的家庭情况之后，我也就把自己的真实情况告诉了她。同病相怜，就这样，我和她最先成了朋友。

就像我没有告诉杨倩兮，我爸爸妈妈离婚是因为我爸爸的病一样，她也没有告诉我她父母离婚的真正原因。后来郝成龙对我说，杨倩兮的父母之所以离婚，是因为她妈妈经常去酒吧玩，然后认识了一个非常有钱的老板。有一次，她妈妈带着老板回家，被她爸爸撞见了。她爸爸和那个老板打了一架，然后就同意和她妈妈离婚了。

杨倩兮的妈妈我见过，高高的个子，模样长得比较好看，就是脸上化着浓妆，眼睛黑黑的，头发黄黄的，说话嗲声嗲气的，一点儿也看不出是一个来自农村的曾经上过大学的人。

我不喜欢这样的女人。与清新高雅的妈妈相比，这样的女人让我感觉特别妖冶和俗气。我觉得喜欢这样的女人的男人，也不会是什么好东西。

但我非常理解杨倩兮的处境。特别是当她告诉我她的一次悲惨经历，我心里就忽然产生了想保护她的勇气。

杨倩兮说：父母决定离婚的时候，谁也不想要孩子。本来她爸爸想要她的，但她奶奶不让。她奶奶希望儿子再结婚后给她生一个孙子。后来，法院把她判给了妈妈，可是她妈妈的那个老板经常到她家里去。杨倩兮讨厌他，但撵不走他，自己又不好意思把这些事情告诉同学和老师，无法向他们寻求帮助，所以有的时候，她放学后无处可去，就只好流落街头。直到她姥爷去世，妈妈把姥姥接了来另外租了房子，她才算有了稳定的住处。

后来，杨倩兮还告诉我，在我们班，像我俩这样生活在单亲家庭的同学，还有张一峰、马小娇和郝成龙。

杨倩兮说，张一峰的老家在乡下，他的爸爸长得很帅，看上去很年轻，而且是名牌大学毕业的大学生，工作单位也不错。张一峰的姥姥开着一个小卖部，他妈妈没有多少文化。张一峰出生以后，他妈妈就再也没有出去工作，整天上网玩游戏、斗地主、打麻将、视频聊天等，上瘾的时候一玩就是一个通宵，成了一个不折不扣的网虫。因为长期上网，作息不规律而且缺少活动锻炼，他的妈妈浑身长满赘肉，显得又矮又胖，脸上还长了许多雀斑，头发也乱糟糟的不梳理。没有多少文化，又不顾及自己的形象，张一峰的爸爸嫌她素质太低，就在外边另找了女人，不回家住了。但是，他妈妈坚决不离婚，说不能便宜了别人，还到他爸爸的单位吵闹过很多次，关系闹得很僵。

我发现张一峰性格很孤僻，好像还有暴力倾向。因为在学校里，只要和同学话不投机，他就想举起拳头用暴力解决问题。

有人说，家庭是孩子的第一所学校，看来不无道理。

"我真的不知道妈妈是为了什么活着。真不希望自己有一个这样的妈妈。"每次谈起妈妈，张一峰总是无奈地重复着这样几句话。

马小娇的故事更离奇。她从来没有见过自己的爸爸，只偶尔听说爸爸是外地人，曾经来这座城市经营着一家小店。刚刚技校毕业的妈妈与爸爸一见钟情，很快结了婚，然后生了她。可是，她出生后不久爸爸就偷偷地把小店转给了别人走了，从此杳无音信。妈妈满世界找不到他，因为她连他的老家在哪里都不知道。所以，妈妈整天沉默寡言，好像到现在也一直走不出这个阴影。在小学的时候，马小娇基本都是独来独往，因为她妈妈不让她和任何人交往。她妈妈还有洁癖，几乎天天翻看小娇的书包。只要发现她不熟悉的物品，就会把消毒液装在喷壶里，对着物品猛喷一番，哪怕是一本课外书。

这几个人中还算幸福的是郝成龙。虽然在他四五岁的时候，爸妈就离婚了。原因是刚从农村来到城市，爸爸挣钱不多，租住的平房很小，妈妈进城开了眼界之后，就跟一位住着楼房、开着三轮车卖猪头肉的老板跑了。

郝成龙有一次对我说，虽然他的爸爸没有文化，经常喝了酒之后骂他粗话，而且只是一个小区物业公司的门卫兼花草修剪工，工资不是很多，但他们爷俩过得还算不错。他妈妈离开爸爸以后，立即过上了衣食无忧的贵妇生活。因为曾经有一次他和爸爸骑自行车去某超市，远远看见从一辆面包车上走下来一个描眉画眼的女人，脖子、手腕上都挂满了金银首饰，还领着一个小男孩。

"她就是你的妈妈。"看着那女人一扭一扭地进了超市的大门，他爸爸对他说。

郝成龙说当时他一点儿也没有冲上前去拥抱妈妈的冲动。"妈妈既然狠心抛弃了我们，我又何必惊扰到她。"他故作潇洒地说。

郝成龙的爸爸一直没有再婚，可能他仍然忘不了郝成龙的妈妈，因为他俩是青梅竹马、两小无猜一起长大，然后初中同学、高中同桌，可谓感情深厚。但有一点绝对不容怀疑：那就是因为郝成龙。

"他几乎没有在我面前说妈妈的任何坏话，为了给我一个完整的家，他可能还期待着妈妈有一天会回心转意吧。"郝成龙说。

真不知道为什么，我们被分到一个班级，就好像事先约好组团来的。不过，听了杨倩兮、张一峰、郝成龙的遭遇，我觉得我比他们幸运多了，至少爸爸妈妈都是全心全意爱我的。妈妈跟我住在一起，照顾我的生活。虽然我们搬家以后，爸爸还曾经喝酒后来吵过架，但我感觉他也是爱我的，也许仍然深深地爱着妈妈。

或许，妈妈也是爱他的。因为，离婚以后，他们谁也没有再结婚。

极品班主任雷思仁

又过了好几天，班里没有什么特殊的事情发生，也似乎没有人注意到我忽然变得出奇的沉默寡言。

其实，我根本就无暇顾及其他什么事情了，无论上什么课，我唯一忍不住苦苦思索的只有一个问题：究竟是什么原因，使自己被贴上"问题少年"的标签呢？

我们都成为问题少年，也可能与那个非同常人的班主任雷思仁有关。

整个初一的记忆，几乎全是灰色的，因为不幸的我们又不幸地遇到了他——雷思仁。

迈进初中的大门，让我深感意外的是，班主任竟然是个男的。在小学里，教我的几乎全是女老师，所以见到男班主任，心里有那么一点点打怵，但也充满新奇。

但是，没过多久我就发现，这个兼任我们数学科的班主任貌似有暴力倾向。他反复强调的格言是：要想学生学习好，先得用拳使劲捣；要想成绩提得快，还得用脚使劲踹！

开始的时候我以为这是老师跟我们开玩笑，后来的事实证明：雷思仁老师确实喜欢用自己的拳脚解决问题。我们眼中的一点点小事，就能引起他的火山爆发。

有例为证：

那时候，刚刚入学没几天，我对学校的一切都还感觉很新鲜。

有一次，我去厕所，看到厕所的门上写着一个我从来没有看到过的词语：盗亦有道。我感到很有意思，回到教室以后，就随手把这个词语写在一张小纸条上了。

上数学课的时候，我心血来潮，又拿出来给同桌看，没想到被雷思仁看见了。他以为我在给同学传纸条玩，于是就面无表情地走过来，毫不客气地没收了小纸条。

我觉得纸条上写的那几个字很容易引起他的浮想联翩，尤其是我这样的学生写的。于是，趁雷思仁老师不备，我就嬉皮笑脸地把纸条"抢了"回来。

这下子，雷思仁老师生气了。他可能觉得一个刚刚入校的学生竟然不把老师放在眼里，公然大庭广众之下抢夺被老师没收的东西，所以，他就满脸愤怒地想把纸条再夺回去。

可是，我不但不顺从，而且还不服气地把纸条握在手里，左右倒换着躲藏起来，不让老师抢到手。

那是我自己的东西啊，我抢回来也是应该的吧。当时，我还这样理直气壮地想。

就这样，雷思仁老师和我，为了一张纸条，他抢来抢去，我躲来躲去，像玩躲猫猫游戏似的，惹得同学们哄堂大笑。

雷思仁终于恼羞成怒，不顾一切连拖带拽地把我赶出了教室。

万万没有想到，更加恶劣的后果是：由于我的无知无畏，这一张纸条引发的冲突，让我幸运地获得了班主任雷思仁对我始终如一的"偏爱"。

一次，一位同学借了我最珍爱的一本珍藏版漫画书，他看得爱不释手，连上数学课的时候也忍不住看，结果又被雷思仁没收了。

雷思仁随手把漫画书仍在讲台上，然后转过身去板书数学题。鬼使神差地，我竟然明目张胆地疾步走上讲台，把漫画书拿了回来。

雷思仁回头一看，就生气了，说："肖胡图，你的记性怎么那么差啊！你的胆挺肥哈，把书拿回讲台上来！"

我没理他。

"拿回来！快点儿！你听见了没有？"他显然大怒了。

"这是我的，不是他的。"我自以为是地辩解。

"放回去！我叫你放回去，你就得赶快放回去！"雷思仁疾步走到我的身边，厉声道。

"这是我的，你说了不算！"我还想继续辩解。

但是，雷思仁不再给我机会辩解，他咆哮着："谁敢乱动弹，我就让他以后都不能再动弹！"

他以迅雷不及掩耳的速度，抬起手就扇了我一个耳光，随后，他又老鹰叼小鸡似的把我拖进了空无一人的谈话室，反锁上门，然后疯狂地对我拳打脚踢，全然不顾自己正在上课的班级。

遭受着突如其来恶魔一般的雷思仁的折磨，我懵了。

我感到自己的脸火辣辣的，当一阵阵刺痛传遍全身的时候，我感觉自己仿佛掉进了魔窟，无能为力自救，只有默默流泪的份儿。

后来，同桌告诉我，雷思仁一阵拳打脚踢之后，回到教室的我，嘴角都是血。

现在回想起来，我当时的确有些任性，也自以为是，觉得老师会像小学时的老师那样宽容对我。但是，我真的错了。初中的老师，尤其是像雷思仁这样年轻的班主任，似乎更需要我们的尊重，或者说是服从。可惜，当时的我对此并不懂得。

大概，那两件事情之后，我开始对雷思仁恨之入骨，我也光荣地成了他的眼中钉，成了随时需要他特别"关照"的问题学生。

而且，在以后的日子里，无论我怎么努力好好表现，都无法改变他这样的观点。

有一次体育课，因为外面下雨，我们就在教室里上自习。

大家都在七嘴八舌地说话，我只是随声附和了同桌几句，趴在教室窗户外边偷看的雷思仁就认定我在说话，进门后径直走向我，然后对我劈头盖脸就是一顿臭骂。

我吸取教训，不再说话。尽管他张冠李戴冤枉人，但为了息事宁人我不说也罢。

可是，这时候，我的一本课外书很不合时宜地从桌洞里滑了出来，当我用手把书推进桌洞的时候，又被雷思仁看见了。他不管三七二十一，一口认定我不遵守纪律，胆敢在自习课上看课外书，而且不容我任何解释，就怒气冲冲把我拽到教室的门外，然后用脚狠狠地踢我的屁股。

我真不明白，就这点小事，怎么会惹得他产生那么大的火气。明明是他自己冤枉别人，却还那么理直气壮。这分明是他遇到什么不开心的事情，故意拿我撒气。

这算什么老师?!记得有本书上说过,有修养的老师是"伏尔泰主义者",他们总是跟学生讲道理,从不认为打骂学生就能让学生学会服从。杀鸡给猴看的结果是:猴子也学会了杀鸡。

但是,雷思仁似乎丝毫不明白这一点,我非常讨厌这个班主任,甚至鄙视他。

再后来,班里与我有相同感觉的同学越来越多。

有一次,在常规竞赛月进行卫生评比的时候,我们班的卫生区因为打扫不干净而被扣分了。

班主任雷思仁拿着学校的通报,怒气冲冲地来到教室里,当着全班同学的面,把那个值日小组的同学一人打了一巴掌,其中,张一峰的脸还被打肿了。

我们简直看傻了。我们是正处于青春期的男生,有时候可能喜欢调皮捣蛋,其实并无恶意。他们没认真打扫卫生区,没有视班级荣誉为生命,仅此而已。我们长得再高再壮,也只是十几岁的孩子,难道任何事情一定要用暴力来解决吗?"踢""打"成为班主任教育学生的惯用手段,有必要吗?不合法啊!我只能在心里和自己讲道理。

可是,更加暴力的还在后头呢。

有一天,班主任雷思仁在教室里发现一张糖纸,立即龙颜大怒,大喊道:"谁扔的糖纸?"

大家无语,教室里一片寂静。

雷思仁又说:"谁来举报扔糖纸的人?加五分奖励。"

大家一脸茫然,教室里寂静一片。

雷思仁大怒，狠狠地说："搜，搜，搜！我就不信搜不出来！"

大家互相看看，彼此无助，教室里寂静一片。

小组长开始搜查每一个人的桌洞，结果一无所获。

沉默半响，雷思仁很不甘心，又说："都拿出纸来，匿名举报：谁平时吃糖多；谁不遵守纪律；谁上课说话……"

教室里悉悉索索，是大家拿纸的声音。然后，人心惶惶……

我当时就觉得，雷思仁这样的行为，很像是在为未来的祖国输送一种特殊的人才：汉奸。因为，从《小兵张嘎》等电影中我得出结论，汉奸具备的特点：出卖同胞，为强权效力；奴役同胞，为蝇头小利。

有这样的班主任，有班主任这样的教导方法，以后班里形成欺上瞒下、欺小怕大、正不压邪的风气，一定不在话下。我义愤填膺地琢磨着。

郝成龙私下里对我说："雷思仁肚子里全是红花绿毛，狗肠子猫肠子，就是没有人肠子。"

虽然，我不知道郝成龙从哪里学会用一些这样的语言来评价雷思仁，但是，那时候，正因为爸爸妈妈的事情已经极其不开心的我，心里也经常出现这样的问号：这样的班级，还有救吗？

红裤衩&剪头发

雷思仁的爆发总是很及时，我们的忍耐也是有限的。

郝成龙说：对于雷思仁这样的老师，我们就要敢于斗争。

于是，斗争开始啦。

首先，关于我的本命年红裤衩。

有一次，课间操，我上厕所，还未提上裤子呢，被急急忙忙闯进来的雷思仁碰了个正着。

他一眼就看到了我的大红色的裤衩。其实本来并没什么新奇的，但他像女人一般夸张的大声惊叫，惹得同厕的人们大笑。

这还不算，雷思仁竟然在班会上说："肖胡图，我看到你的内裤的颜色了，如果你再不好好表现，我就给你传播传播。"

本来没有什么异样的感觉，但听雷思仁在大庭广众之下这样一说，我感觉自己的脸开始发烧了，心跳也开始提速，甚至感到有些无地自容。

我生气，妈妈为什么非得给我买这样的裤衩。什么本命年，什么红色能带来好运，对于我来说，这个红裤衩，根本就是倒霉的导火索。

更要命的事情还在后头呢！

听班主任这么说，那些知道我内裤颜色的好事者，就明目张胆地及时到处传播了。于是，我走到哪里，都会听见后面有议论的声音："瞧，那就是那个穿红裤衩的男孩子！"

我颜面何存！我悲哀至极！

于是，我就用不学习雷思仁所教数学的方式，惩罚他的过失。

雷思仁一直没有发现我的变化，更没有就此事找我谈话，哪怕是轻描淡写地说一句："对不起"。

其实，即便是说声对不起，我也不领情。他信口开河对我造成的影响，一句对不起就能消除吗？就能挽回我的形象吗？如果一句对不起就能消除一切不愉快，就能挽回一切损失，那还要法律干什么呢？如果杀了人说声对不起、抢了钱说声对不起，一切都能解决了的话，那么，无法想象这世界会变成什么样子的啦。

我觉得班主任雷思仁也应该去接受思想品德教育了。

裤衩的影响还未消除，与班主任雷思仁的斗争仍需继续。

入学后不久，学校部分男生中开始流行一种新的发型，就是EXO中边伯贤那样的：长长的留海遮盖着额头，酷酷的，让人感觉帅气十足。

当时班里有几个同学都觉得我长得极像伯贤，尤其是有一次杨倩兮对我说，如果我变一变发型就会更像伯贤以后，我就决心改变自己多年如一日的小平头。

但是，就在头发刚刚修剪出形状，我也偶尔为此有点儿得意的时候，不幸降临了。雷思仁开班会强调：学校有规定，女生一律剪齐耳短发，男生一律留小平头。

开始的时候，大家都不情愿，班里按照要求去剪发的同学也寥寥无几。这给了我坚持与雷思仁战斗的勇气。

可是，好景不长，没过多久，就有同学因为理发不合格而被请出教室，勒令回家重理。我就是其中的一个。

我按照老师的要求离开了教室，但是，我没去理发，而是回家了。我觉得自己的头发没有影响到任何人，也没有给学校和班级带来任何不利的影响。

第二天上午，见我依然没有把头发剪掉，班主任雷思仁开始大发雷霆。他把我从教室里叫出来，然后径直来到办公室，不由分说，一把揪住我的留海，另一只手拿起剪刀就剪了下去。

我懵了。我被眼前的一切惊呆了。

等我回过神儿来，我的一缕头发已经飘落在地了。

"你干什么！"我也火了，奋力挣脱雷思仁拽住我的手，大声质问道。

雷思仁指着办公室墙上的镜子，得意洋洋地对我说："自己看看吧，我就不信你不去理发！"

我不听话的脚立即走向镜子，镜子里的那个男孩丑陋地瞪着我，痛苦不已。我的眼泪不听话地流出来了。世界上怎么会有这么粗暴的老师啊！剪了头发会怎样？不剪又会怎样？会对班级造成什么样的恶劣影响呢？现在都在讲素质教育，难道让学生都理成一样的发型，我们的素质就提高了？

我气愤至极，看着镜子里丑陋无比的自己，对着镜子一拳就砸了下去。霎时间，我的手鲜血直流，镜子里的我也支离破碎，我感觉自己的心也被击碎了。

雷思仁吓坏了，急忙把我带到了学校医务室。校医仔细地把我手上的碎玻璃剔除，然后细心地进行包扎。忍着钻心的疼痛，我的眼泪止不住地流。我感觉自己活着真的非常没有意思！

统一发型，究竟是为了让我们更有活力，还是泯灭我们的个性？究竟是为了让我们更有朝气，还是仅仅为了让我们学会顺从？

我手缠纱布回到教室。在同学们异常惊讶的目光里，我收拾好书包就回了家。我打电话告诉了妈妈，妈妈带着我去修剪了头发。

然后，我自作主张决定不去上学了。妈妈竟然没有阻拦我。

有一天晚上，我听见她给爸爸打电话，好像还说起了我的头发。

在家里休息了几天，我听从妈妈的建议，回到了学校。等我一回到班里，就听同学说，有家长给教育局打电话，反对学校强行给学生剪发的做法。就这样，班主任雷思仁要求大家剪头发的事情不了了之，但这件事情却给我留下了刻骨铭心的印记。

如果人生可以像头发，剪短了还会重新生长，这世上就会少很多的怨恨和不如意。想想网上说的有位初二女生，为了抗拒剪发而跳楼自杀，是多么傻，又多么可惜！

有什么比生命还重要呢？我可不会做那样的傻事。

悲催的教学大赛

我不会主动做一些傻事，可是，我会帮助别人做一些悲催的事。比如下列故事，真的是无比离奇。

学校要举行教师教学大赛。各科老师都积极埋头准备起来，作为教师比赛的辅助者，各个班级的学生们也跟着忙碌着。

但是我一直比较清闲，因为我是"不学习的人"，叫我当众回答问题，简直就是眼睁睁纵容我跟大家捣乱。课堂上帮助老师出彩的重任，没有老师胆敢委托给贴着"不认真"标签的我们。

看到被老师提前安排了任务的同学，有的诚惶诚恐、紧张兮兮，有的洋洋得意、踌躇满志。我不知道，我没法感受，被老师安排任务究竟是幸运还是不幸。在这样一场轰轰烈烈的大赛里，我觉得自己只是一个看客。其实，做一个心态平和的看客也挺好的。

比如，上语文课的时候，关于回答哪一个问题、怎样回答，姬大婶早就已经分别安排给那几个同学了，背诵、默写和朗读，任务分工非常明确，那些同学也好像准备得很是积极。课堂上，老师让我们先前后桌讨论一番之后，再主动举手积极回答问题。

我就一直没有举手。我举手纯粹属于多此一举，姬大婶绝对不会叫我回答问题，我感觉自己也只是一个心有杂念的看客。

可是，看着其他同学奋勇表现的样子，偶尔，我竟然也会产生淡淡的失落的感觉。甚至，我也盼着老师叫我起来回答那些问题，有些问题，我也是有自己的见解的，我感到自己的回答并不比那些同学差。

可是，没有任何老师提前安排我任何任务，也没有任何老师上比赛课的时候点名叫我回答问题。我彻底不抱任何希望了。

然而，就在我觉得各科大赛都彻底与我无关的时候，幸运，竟然降临到我的头上了。

教音乐课的柴老师提前布置，会乐器的同学把乐器带到学校，上音乐课的时候，让大家各自展示一下自己的乐器特长。

于是，周二的音乐课上，古筝、吉他、二胡，教室里出现了好多好多乐器。有的同学学的是钢琴，因为太笨重，无法带到学校里来。

不知道为什么，我发现家长们都很舍得花大钱来培养孩子的特长，也不管自己的孩子是不是真的喜欢。看到别人家的孩子上特长班，就盲目跟风，也让自己的孩子上各种各样的特长班。所以，现在，各种水平不一、鱼龙混杂的特长学校持续火爆，可怜的孩子们也就源源不断地被"特长"了下去。

我喜欢吹葫芦丝，我学得还不错。虽然家里并没有为此花很多钱，我也只是在暑假里上了一个短期兴趣班，但我的《芦笙恋歌》吹得真的很有感觉。在小学的时候，我还在"六一"儿童节上获得过一等奖呢。

但是，我没带葫芦丝，我根本就不想展示，柴老师也不会让我展示的，即便是我吹得再好，我想。

没想到的是，班里所有带乐器的同学集体发挥失常，在各自演奏展示的时候，不是走音，就是跑调，有的弹奏出来的甚至根本就不成曲子。看着满头大汗的他们，我暗自好笑，真不知他们家长的钱花到哪里去了。

出乎意料的是，不知从哪里得到了消息，柴老师知道了我会吹葫芦丝，就找到我，要求我一定带葫芦丝给她展示。

师命难违。第二天，我就从家里带了葫芦丝，在音乐老师的办公室里吹了一曲。我吹得很顺畅，我感觉自己很潇洒很爽。

"就你了！"柴老师听后立即决定，"教学大赛的时候，就让你作为典型，代表大家当堂展示。"

我立即不争气地表现出受宠若惊的样子。进入初中以后，在这样重要的场合，什么时候轮到我当主角来？我似乎备受鼓舞，在家里还认真练了好几次，一定要帮助老师争取一个好名次，我充满斗志地想。

于是，等柴老师在我班讲课点名让我展示的时候，我铆足了劲儿，一鼓作气，吹奏了一曲。吹奏完毕，同学们和听课的几个老师都报以热烈的掌声。

我很高兴。我，肖胡图，也终于能为老师增光添彩了。我甚至有点狂妄地想：被重用了一次就一鸣惊人了，应该被刮目相看了吧。

我确实被刮目相看了，而且，还要在不同班里一鸣惊人下去。因为柴老师只是在我班里试讲，她还要在不同的班级试讲下去。

于是，不同的时间里，我就跟着柴老师来到不同的班级，然后被安排在一个陌生的位置，假装是这个班里的学生。一番讨论完毕，老师就让我当众展示吹葫芦丝。

于是，在陌生同学不怀好意、抑或嫉妒的目光里，我就尽情地吹奏起来。吹奏完毕，还是热烈的掌声，还是柴老师热情洋溢的肯定。

开始的时候，我对这样的试讲满怀好奇，虽然为此而耽误了一些其他的课，但我觉得自己作为贴着"不认真"标签的一员，好不容易能帮助老师一次，耽误点课也是值得的。可是，一周下来，我分别在五个班里，上了这一节同样的音乐课。那首曲子，被我吹了五遍。

我开始感觉有点烦了，我不知道这样的展示是不是还要继续下去。我会吹葫芦丝，在这个年级已是人人皆知，这又让我感到心理的满足。

可是，展示还没有结束。

周二上午的最后一节课，柴老师又把我叫了去，带着我来到了十七班，安排我坐在陌生的人群里。与以往不同的是，这一次，教室里不但坐满了老师，而且许多是陌生的面孔，我看见校长、主任都来了。看来，柴老师的大赛课正式开始了。

可是，我忽然厌倦吹葫芦丝了。我忽然觉得自己就像一个道具，被柴老师拎过来拎过去。

让我感到很奇怪的是，柴老师却与我不同，这一节课的内容已经被她讲了九遍了，她还是那么充满激情，那么振振有词。

discussion开始了，按照老师的设计，讨论一结束就轮到我展示了。我告诉自己不要紧张，并连连深呼吸，准备上讲台展示。

就在这时，坐在我旁边的一位听课的老师，忽然一脸疑惑地问我："你是这个班的学生吗？"

我感到吃惊，又感到很囧。他可能发现了我异样的表情，或者他曾经在别的班里见到我并听过我吹葫芦丝，也可能对我印象很深刻。

我想如实回答说"不是"，但我却坐在这个班级里，待会儿还要有模有样地上讲台进行乐器展示。

我想对他撒谎说"是"，但旁边的同学都在看着我，他们一定会肯定地认为我是个喜欢睁着眼睛说瞎话的人。

我只好沉默不语，躲开这位老师的目光，低下头，拒绝回答他这个极其简单的问题。

就在这个时候，柴老师喊我的名字，该我上台展示了。

我故作镇静，胸有成竹地站了起来，准备走上讲台，吹葫芦丝。

可是，不知道是因为秘密被人识破，还是太不熟悉这个教室的地形，就在快要迈上讲台的时候，我竟然一个趔趄，趴倒在地。

在众人惊呼声中，我惊慌失措地赶紧站起来，疾步走上讲台，准备吹奏我的葫芦丝。

可是，我发现，我的葫芦丝的嘴儿竟然被磕掉了。我傻眼了。

柴老师也愣住了，一脸不知所措的样子。真是悲催！她本来最为出彩的环节设计，却成了让人耻笑的败笔。

我不知道自己是怎么走下讲台的，也不知道后面又干了些什么。

柴老师无论如何也没有想到，她精心准备了三个星期的课堂大赛，会以这样的方式结束。

我感到很惭愧，觉得很对不住柴老师。但是，倔强的我最终也没有鼓起勇气跟柴老师道歉。

当然，柴老师好像也很生气。因为，再上音乐课的时候，她不再理我了。这又让我感到心里安慰了许多。

都是肥胖惹的祸

因为我的失误，不但没有帮助音乐老师获得好的名次，而且还引发了事故，惹得音乐老师不理我了，这让我感觉很不开心。我牺牲了好几节课陪着展示演出，最后却落得个这样的结果，能不让我郁闷么？

于是，周六的时候，我就一个人到球场打球。可是，屋漏偏逢连夜雨，因为打球的时候跑跳太猛太用力，以至于崴了脚脖子。

所以，再上体育课的时候，尽管非常不乐意，但我只能听从医生的建议，不再参加剧烈活动，独自留在教室看书或者发呆以打发时间。图一时之快，却付出连续不能上体育课的代价，真的是得不偿失。

如果当初打球的时候稍微注意一下，就不会有这样的结果了。

独自坐在教室里的时候，我经常这样懊悔地想。

可是，这件事情哪有什么"如果"，只能自己接受教训。

这次，我正在百无聊赖地看书，忽然，同学小胖子刘啸宇回到了教室，很不开心、一脸无辜的样子。

"哈哈，怎么了你？你也崴了脚脖子？"我禁不住好奇地问。

我不是幸灾乐祸，而是因为突然有了伙伴的惊喜。

"我没有崴脚脖子，姬老师说今天上级部门来学校视察，他说我太胖了，跑不快，会影响上级领导们对学校的印象，所以，就不让我去操场上课了。"平时一直不很开朗的刘啸宇十分委屈地说。

"哦，原来是这样！"我一瘸一拐地走到刘啸宇的身旁，拍拍他的肩膀，表示同情。同时，又掩饰不住因为突然间有了伙伴而带来的高兴，"我们一起看书聊天吧。"我说。

"好吧。"刘啸宇别无选择地说。

我知道，虽然他比较胖，但是他一直非常喜欢上体育课，他说体育课可以帮他减肥。

我们俩开始看书。我看《小王子》，他看《窗边的小豆豆》。

看了不到十分钟吧，姬大婶从教室外飘过，突然她转回身来到教室，吃惊地说："哎呀，你俩怎么能在教室里啊？"

"我崴了脚，不方便上体育课。"我怕姬大婶再额外招惹是非，所以赶紧解释说。

"姬老师嫌我胖，怕影响学校的形象，不让我在操场。"刘啸宇知道姬大婶与体育老师的关系，所以重点强调了姬老师三个字，似乎也夹杂着倾诉委屈、告状的意思。

我以为姬大婶问明情况后，会对我和刘啸宇安慰几句，没想到她竟然慌乱地说："别在这里，你们俩别在这里！走，赶紧到办公室去。视察的领导们马上就要上楼了，如果他们看见你俩在这里，会想些什么？一样会影响他们对学校的印象的。"

看着姬大婶严肃认真的样子，我无法想象我俩影响了上级领导对学校的好印象后会有什么严重后果，我和刘啸宇面面相觑一秒钟后，就赶紧往办公室奔去。

我和刘啸宇，一个一瘸一拐的，一个胖得圆滚滚的，都神色慌张地往办公室奔去。那情景，别人看见，一定会感觉非常有趣。

急急忙忙来到姬大婶的办公室里，我和刘啸宇就开始面壁。

原本交流气氛热烈的办公室，因为我俩的到来，瞬间安静了下来。没有人让我们坐下，也没有空闲的椅子可坐。

就这样，非常悲催的，我和刘啸宇在办公室里站了整整一节课。直到下课铃响了，姬大婶才挥手示意我俩离开。

于是，一瘸一拐的我和胖嘟嘟的刘啸宇又回到了教室里。

说起这刘啸宇也挺可怜的。因为胖，就捞不着上体育课，这是什么道理？类似这样没有道理的事情，其实早就发生过。

上次开运动会，班主任雷思仁规定，全班同学都穿白色运动服表演体操。刘啸宇体型胖，集体借来的运动服他穿不上。

雷思仁说："没有运动服的就别上去表演了。"

但是，开始表演的那天，刘啸宇却穿着白色运动服来到了操场。

"老师，我妈妈专门给我买了一身新的运动服，我可以上去表演了吧？"刘啸宇找到雷思仁说。

我以为班主任一定会说："当然可以。"甚至还会当着全班同学的面表扬刘啸宇有这样认真的家长。

可是，班主任雷思仁看了看刘啸宇，说："你这么胖，就别上去表演了。"

刘啸宇很委屈，可是没有办法，只好默默地回到座位上，落寞地坐在那里，一言不发，只是羡慕地看着同学们因为要上台表演体操而兴奋难抑地叽叽喳喳。

即将轮到我们班上台表演了，班主任忽然找到刘啸宇，说："刘啸宇，把你的运动服脱下来，借给郑一辰穿吧，他那套衣服太旧了，走在前面不好看。"

没办法，刘啸宇只好脱下自己妈妈专门买来的运动服，给了郑一辰。我看见刘啸宇的眼里有泪珠在打转转。好可怜！

今天，还是因为胖，刘啸宇就被赶出了操场上的体育课堂，真是可怜的小胖啊。我和刘啸宇回到教室里，没再说话，和其他人一起开始下一堂课的学习。

第二天，因为没有及时完成作业，我又被班主任雷思仁请到他的办公室里面壁思过。

忽然，一个胖乎乎的阿姨推门进入，脸上明确地写着三个字——"不乐意"。

她一看到雷思仁，气不打一处来地说："雷老师你好，我是刘啸宇的妈妈。昨天晚上，刘啸宇一回家就委屈地告诉我，上级部门来学校视察，体育老师嫌他跑不快，不让他去操场上课，语文老师见他在教室，认为影响不好，便把他叫到办公室站了一节课。"

雷思仁说："我不知道这件事啊，我……"

还没等雷思仁说完，阿姨接着说："雷老师，实话对你说，我昨天一晚上没睡着觉，脑子里全是儿子委屈掉泪的样子。思前想后，我觉得还是应该来学校找你谈谈。胖就不能参加体育课吗？胖就给学校丢脸吗？胖就要受歧视吗？胖就注定没尊严吗？"面对阿姨的一连串的质问，平时口才极佳的雷思仁老师也一时语塞。

我知道，雷思仁一定也想起运动会上不让刘啸宇上场表演的事情，所以自知理亏，就只能沉默不语。

阿姨显然是有准备的，她继续说："刘啸宇从小就胖，他本来就因为自己胖有点自卑，老师又不让他参加这些本来应该参加的活动，他不是会越来越自卑吗？你们当老师的有'帮助'学生越来越自卑的责任吗？"

看阿姨越说越理直气壮，本来坐在那里的"姬大婶"已不知去向，办公室的老师也面面相觑，雷思仁只好讪讪地连连低声说："您别生气，您别生气。"

"老师为了所谓的集体荣誉就不让孩子上课，为了应付上级考核，就牺牲个别孩子的健康成长，这是育人吗？我看这是'毁人'！上级领导视察的目的是这样的吗？"

"您先坐坐，您先坐坐。"雷思仁把椅子搬到阿姨面前。

阿姨并不坐，继续说："我虽然不是老师，但我也经常学习一些关于教育这方面的知识。儿童在成长阶段，自尊和自信首先就来自容貌和外在，这些因素能深深影响他们的心态。老师应该看到孩子可能存在的问题，进行必要的引导。你们倒好，还对孩子雪上加霜！"

阿姨越说越生气，可能想起了刘啸宇在学校所受的委屈，眼圈都红了，继续说："这样的事情在我上学的那个年代很常见，打着'集体荣誉'的名义干伤害孩子的事情，老师不当回事儿，家长也表示理解，都不关注孩子的心理健康。但是现在是新时代了，学校和老师不是天天喊着要以人为本、要尊重学生的吗？你们就是这样与时俱进、转变思维、一切以孩子健康成长为中心的吗？这种事情不是一次两次了，我不想让孩子继续委屈下去，我必须找校长谈谈。"

雷思仁看阿姨非常生气，又听到阿姨说要找校长谈谈，立刻感觉到了事情的严重性，赶紧道歉："对不起，对不起。我跟您道歉！请您别找学校领导了，那样事情就闹大了。请您原谅姬老师吧，我这就找他去，让他跟您道歉。"

阿姨听他这么一说，语气有所缓和："雷老师，如果老师道个歉就能挽回对孩子心灵造成的伤害，我也用不着这么着急。我们把孩子送到学校里，不是只想让孩子考个好成绩，是希望老师能用自己的专业知识，站在孩子的角度，帮助孩子消除自卑、把自信挽救回来；也希望老师能发现孩子的其他特长，让他感到被尊重、被认同，修复他受到的心理伤害。"

我惊异于阿姨的好口才。刘啸宇有这样的妈妈，真的是值得自豪的。

雷思仁一边让阿姨坐下，一边赶紧打电话。不一会儿，姬老师就匆匆忙忙地赶来了。我估计，姬大婶一定也感觉到了事情的严重性，早就对他通风报信了。

姬老师态度谦卑地连连道歉，并极力请求阿姨不要把这件事情告诉校长。最后，阿姨可能看到姬老师的道歉态度很诚恳，也就不想再去找校长追究责任了。

后来，上体育课的时候，姬老师专门和刘啸宇谈了很久。

不知道谈了什么内容，但是，我看见，刘啸宇回到队伍的时候满脸笑容，非常灿烂。

投票：离开还是留下

初一上学期，很快就在我稀里糊涂、持续悲哀的情绪中一闪而过了。爸爸妈妈已经离婚，我失去了曾经温馨的完整的家；班主任血气方刚、年轻莽撞，做事就像他的名字那样雷死人。

我心中没有任何希望了，我只能继续以不认真学习的态度，抗拒着雷思仁越来越粗暴的脚步。

据说，初一期末考试，我们班的数学成绩名列全年级倒数第一。

其实，我觉我们班的数学考倒数第一也不是稀奇事。与小学时候的数学老师相比，我觉得雷思仁根本就不知道怎么教我们，有时候他忽然问一句：某某定理……都知道不知道啊……

因为他没有前奏地突然发问，而且突然一声怒吼，吓得全班同学一阵哆嗦，还没反应过来并及时回答，他就再来一句："真是一群半混、一群半混……"尽管那语气非常有节奏感，但我们一点儿也不感到好笑。

有时候他自己倒是心里明白，嘴里嘟嘟囔囔着，在黑板上写写画画大半天，我们什么也没有看懂，而他见我们一头雾水的样子，就骂我们是一群"笨驴"。

记得有一次上课，雷思仁指着黑板上的一道题说："就你们这些笨驴，只要有一个人能把这道题做出来，我就从楼上跳下去。"

结果，郑一宸很快就做出来了。可能他也觉得被雷思仁叫做"笨驴"很不舒服，所以，做出题来以后他就立即跑到黑板前，三下五除二就板书完毕，全班同学集体鼓掌，都以胜利者的姿态哈哈大笑着，等着看雷思仁的笑话。

我觉得雷思仁一定会非常尴尬地给大家道歉，没想到他只是讪讪地嘿嘿一笑说："我是你们的老班，我知道你们舍不得我，跳楼的事就算了吧。"

虽然这件事一度成为我班同学争相传颂的笑话，但是，雷思仁教的数学课，真的没有几个人喜欢，我班的成绩不好也是顺理成章的。

当然，这次数学成绩名列全年级的倒数第一，我肖胡图绝对功不可没。因为我的数学卷子上，有两道大题直接空着没做。

我承认，其实我会做。因为讨厌雷思仁，所以我故意不做。

但是，我没想到，因为我们班的数学成绩名列全年级倒数第一，所以雷思仁受到连累，他也是全校效益奖金倒数第一的获得者。

理所当然，雷思仁对我恨之入骨。新学期开学以后，他就毫不掩饰、肆无忌惮地处处看我不顺眼，时时寻找制裁我的切入点。

终于，很快，我的小把柄就被他抓住了。

一次，数学课结束的时候，雷思仁咬牙切齿地大声宣布："谁胆敢不按时完成作业，我就叫谁的家长来学校示众。"

我知道，这句话是说给我听的。但是，雷思仁太小看我了。我自己可以备受摧残，但我绝对不允许任何人以任何形式羞辱我的妈妈。我绝对不能因为自己不按时完成作业而使得雷思仁的计谋得逞，让我的妈妈来学校遭受他的教训和羞辱。

所以，下课铃声响过，看雷思仁的背影离开，我就把自己的作业本交给我前面的数学男神魏歌，让他把答案直接写在我的本子上。

魏歌真够哥们儿，接过我的本子就心领神会，然后头也不抬，马上进入状态，牺牲自己的课间休息时间把我的作业一气呵成。

可是，这哥们儿太聚精会神了，根本就没有发现好像早有预料而转身杀了个回马枪的雷思仁。

雷思仁看着写有我名字的作业本上被不同笔迹和不同墨迹运算的题目，兴奋万分。他当着全班同学的面，展示了我抄袭作业的证据，还得意洋洋地讽刺我说："肖胡图，不是我笑话你，这魏歌做的题目都对了，而你做对题的成功几率只相当于买彩票。"

我来不及反驳，就被请到讲台上，面向全班同学站着。雷思仁也并不顾及早已经等在教室门外的下一堂课的老师，他滔滔不绝、引经据典、谈古论今地对我们进行批评教育了一番。

我第一次觉得自己的战斗力是如此脆弱。但是没有办法，雷思仁终于抓住了我的把柄，我只能低头认罪。

然而，让我崩溃的情节还在后面，而且愈演愈烈。

雷思仁充分发挥理科生的想象力、编撰能力和表达能力，一一列举了我的十恶不赦的罪行。然后，让全班同学投票决定：我，肖胡图，是立即转学离开，还是继续留在这个班里。同学们面面相觑，表情严肃，在雷思仁威逼利诱之下，不得不投票做出了自己的决定。

我想我一定会被全体同学一致投票决定离开这个班级的，如果是那样，好像我就得转学到别的学校去，我该怎么办呢？

我冷眼看着雷思仁，故作满不在乎，其实心里特别不安。

雷思仁一脸坏笑，洋洋得意，似乎对我必须离开的结果胸有成竹。

我班的同学，不会置班主任的威权于不顾的。我已经这样想了。

我可怜的妈妈，又该为我这样的孩子而着急焦虑了吧，一丝内疚的情绪正在我的心胸里弥漫开来。

为了表示公开公正，雷思仁找了几个同学当监督员和书写者，然后让班长当众唱票。于是，在接下来的连空气都似乎凝固了的十几分钟里，教室里出奇地安静，只回荡着班长一个人毫无感情的声音："走，留，走，留，留，留，留……"

像等待判决的罪犯一样，我绝望地站在讲台上，绝望地等待最后的结果。可是，最后，投票的结果让我不敢相信自己的眼睛：全班44人，只有两位同学觉得我应该离开。

面对铁证如山，雷思仁也不敢再轻举妄动。他借坡下驴，说看在全班同学们的面上，再给我一次机会，让我暂时先继续留在这里。

于是，我又继续留在了初一·二班。

后来，我忍不住把这件事情告诉了妈妈。妈妈先是大吃一惊，然后坐下来，和我进行了谈话。

妈妈说:"首先是因为你自己的缘故,例如不努力、不自律等,才使得老师出此下策。如果你是一个积极向上的人,谁也不会、也不敢这样对待你。所以,改变自己,才能改变别人的眼光。"妈妈鼓励我努力学习,遵守校规校纪,用实际行动证明自己,用学习成绩让雷思仁对我刮目相看。最后,妈妈还告诉我说,义务教育阶段,雷思仁是没有权力让我转学的,即便是以全体学生的名义。

集体罚跪的后果

集体投票赶我走的闹剧刚刚结束，雷思仁又做出惊天动地之举。

2013年3月29号，周五下午第一节是体育课。听说姬老师临时有急事，我们2班就和18班一起由18班的体育老师上合堂。

体育老师见机行事，让我们两个班的男生进行篮球比赛。

我们很开心，不知为什么，这时候竟然突发集体荣誉感，和18班的同学争抢得你死我活。就在我们奋力激战争取完胜18班的时候，张一峰和18班的体育委员在抢球的过程中发生冲突，一个因胜利在望而心骄气傲，一个因屡屡失败而气恼，双方各不相让，两个人就打起架来。各班的队员也不失时机地上前帮忙添乱。

于是，操场上忽然就乱作一团。

体育老师赶紧打电话把雷思仁和18班的班主任叫了过来。18班的班主任是一位年轻的女老师，听说是雷思仁的第三任暗恋对象。

"雷思仁，你好好管管你那个班。明明是帮你班的忙，你班学生竟然和我们班孩子打架。真是岂有此理！"女班主任板着脸，一边大声表达着自己的不满，一边把自己班的学生叫到一边，然后用手拍着感觉吃了大亏而满腹委屈的体育委员的肩膀，很温柔地询问着什么。

看人家班主任如此地呵护自己班的学生，我们不由地都心生艳羡。要是我也能拥有这样的班主任就好了，我想。

可是，谁也没有想到，雷思仁见自己班的学生竟敢惹怒自己暗恋的对象，立刻怒火中烧，突然飞起一脚把张一峰踹倒在地上。

很显然，张一峰被突如其来的飞脚踹懵了。他膝盖一屈就跪在了地上。他很不服气地想马上站起来，没想到雷思仁又补上一脚，嘴里还嘟囔着："你还是继续跪在那里吧！"

大家都愣住了，不知道如何是好。就听雷思仁怒不可遏地大声宣布："谁参与打架了？站出来！"

大家面面相觑，站在原地一动不动。

这下，雷思仁更恼怒了，命令所有参与打架的男生一律跪下，否则，放学后就要留下，打电话叫家长前来领人。

本来，我是绝对不可能下跪的，不仅仅是因为我没有参与打架。男儿膝下有黄金，怎么能轻易下跪呢？况且还是因为这样的事情。

但是，看到雷思仁飞扬跋扈的模样，看到刚才还龙腾虎跃为大家抢球传球的张一峰孤零零地跪在地上，我想仗义执言，但又觉得与雷思仁这样的人简直没法沟通，于是，我一下子站到张一峰的左边，然后毫不犹豫就跪了下去。

不知道是因为看到我也跪了下去，还是听到雷思仁要叫自己的家长来，男生们也赶紧跪了下去。

谁也不愿意让家长知道，自己在学校里打群架的事儿。

大家一直跪了足有半节课时间。雷思仁不叫大家起来，大家也就以跪的姿态继续坐在自己的脚上休息。

雷思仁一直喋喋不休地训斥着，好像只有这样，他才能抚平18班班主任那颗受伤的心。

初春的天气，乍暖还寒。尤其是今年，出奇地冷。刚刚打球时因为出汗，有的同学干脆脱了外套。现在，跪在地上，感觉骤冷，我看见张一峰竟然冻得打哆嗦了。

下课的铃声响了，雷思仁看见18班的班主任早已带领学生离开了操场，他再卖力地训斥我们也没有多大意义了，就让我们解散了。

原以为这件事情就这样结束了。

可是，第二天，学校有人发现，有学生用手机拍了我们下跪的照片并传到网上，看到照片的网民就此事频繁发帖展开了热烈的讨论。

听说学校领导大为恼火，为此召开紧急会议，严肃批评了雷思仁。雷思仁回到班里，对我们说："谁要把这个事情说出去，就开除谁！"

结果是，雷思仁没来得及开除我们，就传出了他自己可能要被学校开除的消息。

因为集体罚跪图片被传到网上以后，不仅被网民看到了，还被一些媒体在大的网站上曝光了，这引起了教育局的高度重视。分管副局长立即派人来学校调查，我有幸属于被调查的学生之一。经多方调查核实，下跪是因为学生打架引起的，雷思仁只是威胁学生说不下跪就叫家长来，并没有逼迫学生下跪，但这样处理问题的方式非常不合适。

最后，鉴于此事在社会上造成的恶劣影响，教育局就学校管理上存在的问题，已经对学校提出批评，并在全市内进行通报。另外，听说教育局还将成立以分管副局长和监察室相关负责人牵头的工作组，督促学校进行整改。

后来，我从网络上看到有心理咨询专家说，"作为老师，尤其是班主任，平时一定要注意批评教育学生的方式是否恰当。初中学生，都正好处于青春叛逆期，有着强烈的自尊心。不向别人卑躬屈膝，是尊重自己的第一步。让孩子罚跪，对他们的心理伤害是巨大的，对这些孩子自尊心的塑造包括健康人格的形成都是不利的。对于孩子的违纪行为，老师要进行正确的心理引导，批评后宽容接纳。"但愿雷思仁老师能看到这样的言论。

这件事情一经曝光事态严重，我不知道雷思仁会不会因为这件事情而被开除，毕竟他是年轻老师，没有经验不知道怎样管理学生在所难免。学校应该给他一个改过自新的机会。再说，我们也有错。

后来又听同学说，雷思仁还做了一件情理难容的事情：他让班里数学成绩差的同学，周六周日到他家里补课，并收取很多的补课费。怪不得，有时候课堂上讲题讲到一半，他就不讲了，说留到课后讲。我还纳闷儿呢：课后都回家了，什么时候讲啊，谁又愿意听啊。看来是因为我从来没有参加过他的补习班，所以不知道事情的真相。

也许对于有偿补课这件事情，有的家长很生气，但敢怒不敢言。现在又发生了集体罚跪事件，他们才敢把雷思仁收费补课的事情告诉了学校领导。于是，又传出了学校要对雷思仁做出严肃处理的传言。

　　传言只是传言，我们被雷思仁统治的日子照旧进行。集体罚跪事件之后，雷思仁的飞扬跋扈比以前有所收敛，也不再动辄就对我们展示拳脚功夫了。

　　我的大脑仍然是偶尔游荡，偶尔清醒，偶尔在知识的海洋里驰骋，所以，我的学习成绩也就像过山车一样极不稳定，一直到暑假的到来。

我和小伙伴都惊呆了

有人说，每个玩世不恭的人都会因为生活的洗礼而成长。我感觉这话就像说我一样。

初一结束放暑假，听从妈妈的建议，我报名参加了一个短期英语培训班。因为初一这一年里，我的英语成绩虽然没有出现突飞猛进的下滑，但一直徘徊在及格的边缘且停滞不前。我知道这是我吊儿郎当的一个后果，如果再不及时补上，初二的课程可能就会更加麻烦。

这个英语班的老师小有名气，班里的学生不多，只有二十几个，大部分是像我一样，智商还算可以但是不怎么努力且成绩较差的。

但是，有一个例外，那就是吴鑫鑫。他来自本市的一所著名初中学校，学习成绩应该属于优秀的一族。在这个班里，他回答问题的次数无以计数，这足以说明，他的确很优秀。

我真不明白他为什么还要来这样的补习班受累，或者说遭罪。大概，他需要更多的课堂展示自己，或者还有别的什么原因，不得而知。

吴鑫鑫有一个特点：非常乐于交往，而且非常大方。他经常请大家吃快餐，有时候会带很贵的零食分给我们吃。

吃人家的嘴软，拿人家的手短。英语补习班的同学都和我一样，特别是男生，都喜欢和吴鑫鑫交往。

有一天上午学习完，吴鑫鑫招呼我们几个男生，说要一起去一家新开的快餐店尝鲜。大家习以为常，美滋滋地准备品尝吴鑫鑫请客的新式快餐。

吴鑫鑫说："吃饭之前，大家能不能先帮我一个忙？"

"有事请讲！"其中的小个子故意做出彬彬有礼的模样。

"是这样，"吴鑫鑫说，"我家在市区还有一套房，我爸爸妈妈想把它卖掉，然后在北京再买一套新的。但是他们俩现在都在北京忙，没空回家，让我先把家具处理了，他们过些日子再回来卖房子。"

"这么大的事情，不用再和父母好好商量商量？"我有点担心地说。我感觉，像卖家具这样的事情，我的妈妈说什么也不会让我做的。

"嗨，他们就那样，什么事情都可以安排我。再说，他们和收家具的那老板也认识，让我卖给他就可以。"吴鑫鑫毫不在乎地说。

哦，我没再说什么。也许，像吴鑫鑫这样的家庭，根本就不在乎那些旧家具。可能，有钱人家就是这样任性吧，我想。

于是，我们都骑着自行车，跟着吴鑫鑫左拐右转，终于来到一个小区里。这个小区比较偏僻，看样子入住率还不是很高。

吴鑫鑫很熟悉地上楼，很熟练地开门。然后他打电话联系回收旧家电的老板，我们几个则根据他的安排，开始把电器的电源、开关——拔下来，等待回收店老板的到来。

那老板来得挺快，还开着三轮车。在他的指挥下，我们把电视机、洗衣机、微波炉等小心翼翼地一一搬到了楼下的三轮车上。忙活了半个小时，我们才汗流浃背地到了快餐店。一顿饱餐之后，各自回家。

第一次干这样的活，我感到真的有点累。不过，想想吴鑫鑫对我的好，帮他一点忙付出点汗水也是值得的。

又过了几天，吴鑫鑫说还有几件家具也要处理，又约着我们几个来到他的即将卖给别人的"家里"。

像上一次那样，他给回收店老板打了电话，然后就指挥大家，一起收拾家具。我们齐心协力把床垫子掀起，并搬到客厅里，然后把床板一点一点往外挪动着，等着老板来到后，直接运送下去。家具很沉，搬运很费力。我们几个费了九牛二虎之力，才挪动了一点点距离。

挥汗如雨之时，门外响起敲门的声音。

我以为收旧家具的老板来了，就赶紧去开门。

开门后我却发现，门口站着一位奶奶级的人物。她看到我之后大吃一惊的样子，吓了我一跳。

我以为是吴鑫鑫的奶奶或者姥姥呢，可是，那奶奶的脸上却一点儿也没有要慈祥地感谢我们的意思。她进门，用挂在门上的钥匙把门锁好，然后拔下钥匙，揣在自己的裤兜里，二话没说，就掏出了手机。

"喂，他们又来了，嗯，正在这里，哦，那好吧。抓紧哈。"奶奶与人莫名其妙地对话。

吴鑫鑫听见声音就从卧室里出来。看见这个表情严肃的奶奶，他突然满脸通红，然后想开门离开，可是，门已经被奶奶锁上了。

"怎么回事儿啊？鑫鑫，是程程让你来的吧？"那奶奶问吴鑫鑫。

"不是，啊，对，就是。程程说……程程说有些东西需要我帮助处理。"吴鑫鑫似乎有些语无伦次。

"哦，是这样啊。"那奶奶似乎若有所思，然后慢悠悠地踱进屋里，查看被我们搬得乱七八糟的家具。

"这个床搬不动吧，纯实木的，太沉了。"那奶奶像是自言自语。

"可不是嘛，我们根本就搬不动。"我赶紧插话，试图打破僵局。

"嗯，你们能搬动电视机就很不容易了。"那奶奶倒是明白我的心意，赶紧顺着我的话题说。

"你们先坐坐，歇一会儿吧。"那奶奶说。

我和伙伴们就听话地一屁股坐在了家具上。听奶奶这样一说，我还真的感觉累了。

吴鑫鑫不言不语，站在一边，也不坐，一副局促不安的样子。

这时候，又有人敲门。奶奶从猫眼里看了一下，然后，把门打开。

进来的竟然是回收店老板和两个警察。

一个年纪大的警察问："是不是你们把那些家电便宜卖给他啦？"他指了指回收店的老板。

"是啊，是啊。"看到警察出现，虽然我们并不胆战心寒，但还是争相赶紧坦白从宽。

其实我并不知道自己的什么行为惊动了警察。一听警察问我们的是这样的话，瞬间轻松了许多。我们帮助同学干点儿活，有什么错！

"你们知道不知道，你们的行为已经触犯了法律？"那年轻警察严肃地问我们。

"什么？！"我和我的小伙伴都惊呆了。

接下来，吴鑫鑫、那奶奶、回收店老板和两个警察，在几个人你一言我一语的谈话和对证过程中，我终于明白，原来，事情的发生、发展是这样的：

7月20日，李奶奶来到儿子家。她的儿子和媳妇都被单位派到外地工作了，孙子程程因为放暑假，也到了父母工作的城市，所以，老人想来儿子家照看一下。

然而，开门进屋后看到的情景，让李奶奶感到心惊肉跳，屋内和孩子们离家时的样子真是天壤之别：重要家电不翼而飞，屋里变得空空如也。李奶奶立即肯定：家里被盗了，她连忙报警。警察立即上门查看，对丢失财物做了统计后，立即展开调查。

这个小区位置稍偏，是个开放式小区，入住率不高。民警不仅走访了一些住户，调阅了附近多个路口的监控录像，还关注了当地一些卖旧家电的网站。结果发现：一家回收旧电器的门店发出的网帖中，所售物品和李奶奶儿子家被盗物品高度相似。

民警立即按照网店的联系电话，跟店主取得了联系，并立即前往回收店查看。店主对于警察的出现，也是一脸吃惊和茫然。他回忆说：这些东西是一群中学生卖给他的。当时，有一个中学生给他打电话，说自己的父母在外地工作，委托他将家里的东西便宜处理后到外地重新安家，所以他就去了，一看是一群中学生在那，也没有多想就回收了。

民警又叫了李奶奶来到小店，果然，店家准备出售的家电正是李奶奶儿子家丢的。

收旧家电师傅又提供了一个信息，中学生过两天还会卖一些东西。警察、奶奶就秘密观察、等待我们的出现。

吴鑫鑫和程程是一个班的，他曾经多次到过程程的家。有一次去程程家的时候，程程让吴鑫鑫开的门，打开门后，吴鑫鑫习惯性地把钥匙放进了自己的口袋，走的时候忘记把钥匙还给程程了。

也许你要问：为什么吴鑫鑫会这么大胆，敢随便卖掉同学的家产？我也感到疑惑，后来明白了，原来：吴鑫鑫喜欢结交朋友，觉得自己只有给朋友大方花钱才有面子。虽然他家里也比较有钱，但爸爸妈妈对他要求很严格，给他的零花钱不是很多。在英语班吴鑫鑫又认识了很多新朋友，花钱就多了，他知道爸爸妈妈的脾气，不敢问家里要。有一次，他无意中从电视节目里看到有搬家公司偷别人东西的消息后，想起自己的同学程程，他知道程程一家在外地，而且自己还有他家的钥匙，于是，就从报纸上找了个家电回收的小广告，打电话给老板说要搬家，于是，叫着我们几个英语班的同学……

由于吴鑫鑫是未成年人，加上他的爸妈对儿子的行为深表歉意，表示会积极赔偿李奶奶家的经济损失，李奶奶看到是这样的情景，就原谅了吴鑫鑫。警察对他批评教育后，建议家长对其加强管理。

当然，无意中，我成了吴鑫鑫的帮凶。虽然警察并没有进行严厉的批评，只是对我们进行了善意提醒，让我们以后先动脑筋判断事情的可行性然后再行动，但我心里还是反复感叹不已：看来，有些时候，哥们儿义气真是讲不得啊。

可是，让我百思不得其解的是：像吴鑫鑫这样在学习等各个方面都贴着"优秀"标签的人，怎么能犯这么大的错？难道他是别的星球来的？

回到家里，我忍不住说给妈妈听，并提出了我的疑问。

妈妈说："吴鑫鑫的父母是不是很忙？"

"是的。他的爸爸是一位公司老板，妈妈是一个公务员，都很忙。据说他家很有钱。"我说。

妈妈说："这就是问题了。吴鑫鑫物质上可能不缺什么，但是缺少与父母的交流和沟通。爸爸妈妈太忙，顾不上关注他的情感，他的精神需求得不到满足，所以，他就特别需要朋友。他又错误地认为只有为朋友花钱才能有面子，而他的父母对钱的控制又严格，所以他选择这样错误的交友方式。虽然你们在学校学习了有关法律的知识，但是，毕竟，你们这个年龄，缺乏判断力和控制力，所以，一时冲动，就会犯错！"妈妈说。

可怜的吴鑫鑫啊！

我看见网上也登载过类似的案例，而且还登载了心理专家提醒：家长在满足孩子物质生活的同时，更要关心子女的精神生活。如今基本都是独生子女，这一群体控制能力、辨别能力相对较弱，所以家长要及时主动和孩子聊天，关注其心理动向，一有波动应立即合理疏导。

我和英语班的小伙伴们，一起去看望了吴鑫鑫。

这件事情他真的有错，但是，我一直感觉像是外星人做的。我们不敢相信这是真的，但的确这就是事实。

有人说，要勇敢面对自己犯下的错误并承担责任，为自己找借口，只会减缓成长的速度。

吴鑫鑫的故事给了我很大的启示，可能，这就是成长吧。

甄山梅是朵奇葩

崭新的初二学期立即开始，我再也没看见雷思仁的身影。有人说他被学校开除了，也有人说他是自己辞职到别的城市去了。究竟怎样，不得而知。

虽然知道这个消息以后我并没有产生大快人心之感，甚至还觉得有点儿小小的遗憾，但我对雷思仁没有一丝一毫的留恋。

但是，有一件事情却使得我和大家一样欢呼雀跃，那就是听说我喜欢的英语老师甄山梅将担任我们的班主任。

甄山梅老师个子不高，相貌平平，衣着朴素，教学独特，性格让人难以捉摸。有时候莫名其妙她就会成为杨倩兮等人私下里取笑和讽刺的对象。但是，她一直用一颗时刻为学生着想的心，真诚地为我们上课，似乎一点也不会被我们这些又淘气、又没有礼貌的学生气得面露愠色。

这么说吧，如果说雷思仁是一个极品，那甄山梅就是一朵奇葩。

她真的是甘心为学生服务的好老师。

记得那是初一下学期，有一天，课外活动时间，本来天气不错，甄山梅和我们都在操场上看初一年级篮球比赛。

忽然狂风大作，大雨倾盆而下。我回头一看，甄山梅早就不见了。

我们边跑边骂这个鬼天气，没跑几步，就看见她抱着几把伞跑回来，分给学生，自己却淋在雨中。

回到教室，甄山梅老师浑身湿透了，并开始打喷嚏。

第二天，我发现甄老师脖子上有拔火罐的痕迹，额头红红的，经常咳嗽，不断地流鼻涕。显然，她是被昨天的大雨淋感冒了。但她依旧坚持认真上课，每当流鼻涕的时候，就背过身去悄悄地擦一擦，看样子是不想让我们知道她已经生病了。

甄老师总是将自己最好的一面展示给我们，永远那样认真负责。

有一次，在教室门口，上课铃声还未响起，她接到家里人的电话，好像是说孩子发烧了，让她赶快回去。

甄老师答应着，说上完课就立刻回去。电话那边的人好像生气了，让她立即回去。因为我们清楚地听见甄山梅老师说：“我知道，咱只有一个孩子，我怎么会不着急呢？但是，这里有四十多个孩子正等我上课呢！你先带着孩子去医院，我上完课就立即过去。”说完，就给我们上课，一直认真上完，好像家里什么事情也没有发生过。

我们无比感动！当时我还暗下决心，自己一定要努力学好英语，一定要对得起甄山梅老师！可惜只是瞬间而已。

现在，负责任的她当了我们的班主任，我们真的是感到幸运。

不出所料，甄老师担任班主任之后所做的第一件事就深得全班同学的赞同。那时，快期中考试了，按照惯例，各科老师都开始疯抢时间，都积极占用音乐、美术等所谓的副科。但她不让抢，顶住来自各个方面的压力，继续让我们按时上这些学科。

我觉得她真正体谅我们学生，不让其他老师为了我们所谓的好成绩而认真负责地借机摧残我们的身体，不让那些有可能成为未来艺术家的同学，在争夺时间的战斗里被挥霍掉。

甄山梅老师当了班主任以后，也开始对我有所偏爱。这大概起源于我用文言文写的作文。

因为我不喜欢姬大婶，所以很不愿意上语文课。每一次单元检测考试，我都是乱写一气，尤其是作文。

有一次，我想和姬大婶开个玩笑，就用文言文写作文。

姬大婶非常生气，让我就这件事写1000字的检查。

我当然不同意。我用文言文写作文有什么错儿？作文没有要求一定得用白话文写啊。凭什么让我写检查呢？

姬大婶又说："你看你写的字，跟猪爪划拉的似的，鸡爪子划拉的都比你写得好看。如果你再拒绝写1000字的，就让你写2000字。"

听姬大婶这么比喻我写的字，我顿时怒火冲天，我说："姬老师，你什么时候看见鸡爪子划拉的字来？"

姬大婶哭笑不得，我也坚决拒绝写检查。

最后，姬大婶没有办法，就把我送交给了班主任甄山梅。

甄老师和我进行了长时间的面谈，话题涉及到各个方面：我的家庭、我的经历、我的成绩、我的态度等等等等。她推心置腹侃侃而谈，我伤心委屈夹杂着感动，竟然泪流满面。

最后，甄老师说："与其因为别人看扁你而生气，倒不如努力争口气。争气永远比生气使人变得聪明和帅气。只要你的心是晴朗的，你的人生里就没有雨天。"

甄老师递给我纸巾，示意我擦擦眼泪，然后语重心长地说："我曾经看到这样几句话：我们不能靠心情去生活，而要靠心态去生活。无论是对过去耿耿于怀，还是因未来惴惴不安，都是在挥霍现在。我觉得很有道理。你以玩世不恭的态度对待自己、对待语文课，就是在挥霍现在。你没有理由挥霍现在。"

我不吱声。虽然我不能完全理解甄老师说的这些话，但我感觉这些话好像富有哲理，很有道理。

甄老师看见我略有悔改的样子，就继续说："去向语文老师道个歉吧，如果她还让你写检查，你就写一份，无论字数多少，有态度就好。学会道歉不但不会夺走你的面子，而且还会为你赢得尊重。不信你就试试。"

我点点头，决定听从甄老师的建议，给姬大婶道歉。

那是周五的下午，和我谈完话，甄山梅老师才坐班车回家。因为她结束和我的谈话后已经很晚了，班车上已经没有座位了，她只能站在靠近车门的地方。我看见，班车拐弯的时候，甄老师站立不稳，前后晃动，好像要摔倒的样子。

我忽然觉得很对不住甄老师，心里好像五味杂陈。老师这样关心并关注我，我还有什么理由继续自暴自弃呢？

还有一件事情，对我触动也很大。

有一次课间做眼睛保健操的时候，突然，从窗户外飞进一只马蜂。

大家惊慌失措，女生们大声尖叫，男生们六神无主。

关键时刻，作为男子汉不能视而不见。我勇猛地脱下鞋子，追着马蜂就狂拍过去，三下五除二，解决了这个燃眉之急。

但是，就在我追着马蜂满教室乱窜的时候，正好被学校执勤的老师查到，扣了我班很多分。虽然我向执勤的老师解释了半天，详细说明了当时的情况，但已经被扣掉的分数，无法找回。

我向甄山梅老师道歉。没想到，她静静地听我说完，然后说："你不用自责，你做得对，与被扣分相比，班里同学的安全更重要。如果是我在场，我也会这么做的。而且，从这件事情上，我发现你敢于担当，是棵大树的材料。再说，即便是要当一棵小草，也得要让自己苗壮成长，你说是不是？"甄老师意味深长地说。

我点点头，我知道甄老师指的是什么。

甄老师还在班里公开对这件事情进行了说明，并表扬了我的勇敢和冷静。她对这件事这样的处理方式，真的几乎让我感激涕零。要是在雷思仁时代，我恐怕得吃不了兜着走了。

甄山梅当了班主任以后，我们班出现空前的积极向上的学习氛围，她把我们视如己出，我们班的每一个同学都似乎找到了团结一致、积极向上的钥匙。

但是，虽然我感觉自己似乎鼓起了积极学习的勇气，但因为以前的种种遭遇和过错，我心里仍然不时地感到不安和失落。

我犯了致命的错

有人说，人性最大的悲哀，是走不出心灵的迷茫；最坏的陋习，是丢弃了进行的方向。

的确如此。

标签"问题少年"，四个小字就如同四款巨石压在我的心上。我不认真学习，竟然不仅仅是成绩的问题，竟然还连累到我的人品问题。

妈妈觉察到我的心事，就跟我聊天。我也真诚地把我的愿望告诉妈妈，我希望爸爸妈妈复婚，因为只有那样，我才会撕掉"不幸"的标签而专心学习。

妈妈听后若有所思。从此，她与爸爸的电话交流多了起来，爸爸偶尔带着我们一起出去吃饭，他们之间也有话题交流。在我的心里，又充满了他们复婚的希望。

可是，这样的感觉没过多久，就被残酷的事实湮灭。

有一个周末，爸爸买了很多菜，站在我家门前等我和妈妈回来。可能刚刚完成了一个完美建筑设计的缘故，妈妈心情格外好，破天荒热情地让爸爸进了门。

爸爸自然是喜上眉梢，进门后就反客为主，一头扎进厨房，忙活了起来。

我在看电视，心头泛着惊喜的涟漪。

或许，不久以后，他们会复婚呢。我想。

妈妈没有进厨房帮忙，她可能太累了，也可能想再次享受一下作为妻子的福利，享受丈夫做的免费的晚餐；或者她还是不愿意和爸爸共同待在一个地方，就坐下来和我一起看电视。

想着想着，我不由地心生欢喜，准备自觉地去完成作业以示我也已经懂事。

我正要起身离开呢，爸爸放在外套里的手机就响了。

爸爸单位不会有什么急事吧？

"爸爸，电话！"我喊了两声，可能厨房里抽油烟机声音太大，爸爸没有听见。

我只好翻衣服口袋找爸爸的手机。手机找到了，但对方却已经挂断了。我正要把手机再放回去，手机却显示有一条信息。

我顺手就打开了信息——这是我犯的第一个致命的错误。手机信息显示：亲爱的，忙什么呢？我想你了，你想我吗？

我不知所措，我知道这个信息对妈妈来说，绝对是一个晴天霹雳。我不知道应该怎么办，或者我的脸色非常难看。妈妈似乎已经觉察到了我的失态，她关心地问我："你怎么啦？"

我，接下来，又犯了一个致命的错误：把手机递给了妈妈。

妈妈疑惑地接过手机，看了信息。她坐在沙发上黯然神伤了一阵子。然后，她打开家门，离开了。

我没有追出去。我不知道，即便是追上妈妈，我又该做些什么。

爸爸还在厨房忙碌，做我们的晚饭，大概心情还不错。

我坐在沙发上，脑中空白一片，然后懊悔不已。

我已经预感到，我的爸爸妈妈已经不可能复婚了。

爸爸做完饭，兴致勃勃地一一端上桌，然后问我："你妈妈呢？"

我说："出去了。"然后没再说话，把手机给了爸爸。

爸爸看完信息，也不再说话。他勉强陪着我胡乱吞了几口饭，也打开门走了。

我糊涂了。我不知道，爸爸究竟是为了和妈妈复婚才来做饭给我们吃呢，还是已经决定和别人结婚，来给我们做最后的晚餐。

那一晚，妈妈很晚才回来，回来之后也没有说话。

我知道，从此以后，爸爸再也进不了我家的门了。

我感觉自己真的十恶不赦。

我犯的错误导致了我一直担心发生的最可怕的后果：他们再也不可能复婚了。那就预示着，在以后漫漫的长路上，我只能独自百无聊赖地继续贴着"不幸"的标签，继续过着混天聊日的生活。

有人说，爱，就是没有理由的心疼和不设前提的宽容。可是，妈妈不能宽容爸爸的过错；爸爸不心疼妈妈的辛苦，不懂得痛改前非，还继续和别的女人来往。

或许，他们从来就没有真正爱过，所以，才有现在这样的一切。

但是，无论如何，我无法挽回自己所犯的错，我悔恨万分，想离家出走。

郝成龙挨了打

又是周一，艳阳高照，学校操场，体育课。

一般情况下，体育老师会让我们先沿着操场跑上几圈，然后趁大家都累得半死、都只顾喘气而无法交头接耳说话的时候，让我们停止跑步而自由活动。

这天，不知道为什么，这群小子们似乎有用不完的力气，围着操场跑了三圈。三圈啊，1500米啊，可是，当班长一声招呼，男生们就生龙活虎地开始玩起了篮球赛。

自然而然的，我、郝成龙等贴着"问题少年"标签的人自由组合成了一组，郑一宸等贴着"优秀男"标签的人组成了一组。女生们则假装很感兴趣地围拢过来，一边观战，一边助威呐喊。

我们之所以自觉地分成这一组，其实有我们的想法。平日里，这帮自以为学习成绩优秀的臭小子，课堂上老是表现出不可一世的模样，瞧不起我们。姬大婶等老师耻笑我们的时候，他们就不怀好意地起哄。我们恨死他们了。可是，又无可奈何。谁让人家的学习成绩那么突出呢？谁让我们的考试成绩一直排在班级尾巴上呢？

只有在体育课或者运动会上，我们这一帮后进生们才得以扬眉吐气。尤其是郝成龙，他的短跑一直稳居学校第一的位置。只要学校举行运动会，那些所谓学习好的男生，也只有干瞪眼珠子的份儿。

今天，在这个偶然出现的意外的比赛中，我们都似乎找到了新的较量的机会，所以，比赛开始以后，大家抢球抢得很凶，甚至屡屡出现犯规的状况。

体育老师姬大叔看我们很是热闹，就主动承担起我们的裁判角色。女生们夸张的尖叫声和呐喊助威声，使得我们都仿佛打了鸡血似的，努力把这场没有硝烟的战争奋战到底。

毫无疑问，无论他们怎么争抢，我们这一组一直处于领先位置。不是讥笑他们，平时只知道做题做题的书呆子们，哪有什么体力坚持？即使是有郑一宸这样各个方面都很优秀的人，但他也只是鹤立鸡群，干着急，因为根本就没人和他配合到位。与我们这些平时就擅长玩球的人相比，他们真的不是我们的对手。

我们屡屡进球后女生们更加夸张的尖叫声，他们屡屡错失良机后女生们遗憾失望的叹息声，彻底激怒了那些贴着"优秀男"标签的酷男们。他们开始不顾一切地争抢了。可是，我们怎么会轻易就让他们得逞呢？我们严加防备，一有机会就抢球投篮。结果总是他们满脸恼怒，我们一脸得意。

奋战正酣，意外突然降临。对方一优秀男高嘉明因抢球过猛，自己摔倒在地。而且，他开始耍赖，躺在那里不起来了。

体育老师姬大叔赶紧过去，询问状况。高嘉明因为在众女生面前摔了个仰面朝天，尴尬至极，于是恼羞成怒，然后迁怒于人，顺手指着正关注他"伤情"的郝成龙说："是他故意把我撞倒的！"

天地良心，虽然他俩靠得很近，但我的确亲眼所见，优秀男高嘉明是因为用力过猛，惯性使然，自己摔倒在地上的。

但是，体育老师姬大叔很快就轻信了优秀男高嘉明的话。他大喝一声："郝成龙，你怎么回事儿？"

被冤枉的郝成龙显然感到委屈，根本不想轻易背这样一个黑锅。于是，他也理直气壮大声回应道："是他自己摔倒的，关我什么事儿？"

"难道不是你把他拽倒的吗？你还犟嘴！"体育老师姬大叔一边扶起优秀男高嘉明，一边继续大声呵斥道。

"我根本就没有拽他，长着眼睛的人不会看不到！"郝成龙的犟脾气也上来了，"高嘉明，自己没本事抢到球，摔倒了还赖别人，这算什么男人！没良心！"

优秀男高嘉明看见有老师撑腰，更加不甘示弱，大声嚷嚷道："我看你是只长了眼没长眼珠子！你才没本事呢，说我没良心，我看你不光没心，而且没肺！"

郝成龙立马反驳道："你才没心没肺呢，你们都没心没肺！"

郝成龙毫不示弱的表情，或者不怎么礼貌的话语，激怒了体育老师姬大叔，他铁青着脸，对着郝成龙说："你嚷嚷什么？高嘉明是班里的优秀学生，你是浑身有问题的人。你说我应该相信谁的话？别嚷嚷了，赶快道歉！"

听到姬大叔说自己是有问题的人，郝成龙也恼怒起来，大声说："你才有问题呢，你势利眼儿，你偏向他！"

"啪！"一只血气方刚的大手飞到了郝成龙稚气未脱的脸上，几条红色的血印马上跳了出来。

我们都惊呆了。虽然郝成龙已饱经批评，但被老师当众扇耳光还是第一次。郝成龙愤怒的眼里流出了眼泪，他不再说话。但我敢肯定，他的心里一定充满了愤恨。

其实，他说的没错，体育老师姬大叔就是明显偏向优秀男高嘉明。而且，体育老师姬大叔赤裸裸的做法，也让我们联想起一个事实：这位优秀男高嘉明的妈妈，是我们学校一个部门的领导。

正在这个时候，下课铃声响了。姬大叔一声"解散"，大家立刻作鸟兽散。姬大叔扶着优秀男高嘉明走了，可能是去找他那领导妈妈赔罪去了吧。

其实，据我的经验，优秀男高嘉明摔那一下子啥事儿都不会有，之所以出现这个痛苦的表情，或许是因为他平时太娇贵了，或许是太要脸面的缘故。说实话，有些同学学习成绩好，性格也好，有些同学学习成绩很好，但性格却自私，缺乏同情心。高嘉明就是后一种。

我们几个贴着"问题少年"标签的人陪着郝成龙，不说话，因为他的脸上那几道血印很醒目，也很恐怖。姬老师下手太狠了点儿，我们都这样认为。

我们回到教室，郝成龙趴在座位上，偷偷地掉泪。虽然我们是不爱学习的学生，但我们也不愿意成为任何人的出气筒，不愿意发生被人冤枉的事情。什么是"有问题的人"？不爱学习、贪玩，难道就是有问题的人？那些长着虚荣心、势利眼的人才是有问题的人呢！

我觉得郝成龙一定是伤心透了。要知道，在所有的科目中，他最喜欢上体育课。因为只有在体育课上，他才能找到自信和尊严。可是，现在，他一直心怀期待的体育课却让他遭受委屈、蒙受耻辱，在学校的日子还有什么希望可言呢？

我也没有心思上课。我觉得体育老师姬大叔真的不应该那样做。轻易就相信优秀男高嘉明的话可以理解，想拍高嘉明领导妈妈的马屁也可以理解，但是，他怎么能动手打人呢？他是男人，而且是壮年男人，手劲儿那么大，还那么狠心，以后我们怎么跟着他上体育课呢？难道我们只能做言听计从的小哑巴？

可是，郝成龙挨了打，似乎没有人再放在心上，除了我。这让我替他感到很悲哀。在大家打打闹闹的课间操时间里，我坐在郝成龙的旁边，默默无语，根本就不知道应该对他说些什么。

放学后一起回家的时候，郝成龙摸摸自己的脸，然后问我："能看出来吗？"我点点头，几道血印历历在目，仿佛在告诉人们这张少年的脸所受的委屈。

郝成龙满脸悲哀，说："我爸爸看见我的脸，又该骂我无能了。"

我不知道应该怎样劝说他。我们俩默默走了一段路，快到我家的时候，郝成龙突然停下脚步，对我说："我想离家出走！你能和我一起走吗？"

我不能原谅自己所犯的错，因为我再也看不到爸爸妈妈复婚的希望，我又悔又恨，无人诉说。我也正想离家出走呢。

于是，我俩一拍即合。

离家出走之郝成龙内急

我们简单地商量了一下关于出走的计划，然后各自回家。

回到家里，我假装认真写完作业，又抢着刷了碗。妈妈看到我忽然懂事的样子，竟然露出了信息风波后难得一见的笑容。

第二天早上，我说是学校要交书本费，妈妈也没仔细询问就给了我二百元钱。掩饰着内心的惊慌和不安，匆匆吃完早饭，我就背着书包出了家门。

在约定的地方见到了郝成龙，还好，他也顺利地拿到了二百元钱。

于是，按照事先商量的方案，我们坐公交车来到了长途汽车站，坐上了前往C市的汽车。

之所以选择C市，是因为我们俩都想看看出现过海市蜃楼的地方，然后再在那里找份工作，等待海市蜃楼再次出现。

看着汽车徐徐开动起来，很快就驶出了市区，不久又驶向高速公路，我和郝成龙都有一些激动，我似乎还有一些莫名其妙的就像小鸟离开牢笼一样的快乐。不用上学了，不用写作业了，不用挨老师的批评和同学的嘲笑了，也不用再感受爸爸妈妈离婚的苦恼了……

我和郝成龙不时地会心一笑，看得出他眼里也有明显的不安和恐惧。但是，这一次，我们一定要离开这个没有快乐的城市。

大约不到三个小时吧，我们就来到了目的地。下了汽车的一刹那，我心里忽然产生一丝惊恐：我们不会被坏人利用吧？记得刚上初一的时候，在学习怎样珍惜生命、如何提高自我保护意识和自我保护能力的时候，教思品的老师就曾经给我们讲过一个真实的故事：一个初中女生和父母闹矛盾之后，就离家出走去见网友，结果被网友逼迫去了地下歌厅，身体受到了极大伤害，等家长费尽周折找到她的时候，她已经精神失常了。老师还说，有些离家出走的人，因为生活无依无靠，到处流浪时被坏人控制，就开始偷盗、抢劫，走向违法犯罪的道路……

我不敢再想下去了，我是男孩，我手里有钱，我绝不偷盗抢劫，绝不做违法犯罪的事。我一边在心里暗暗对自己说，一边不断地用深呼吸来安慰自己。

我们在汽车站附近溜达，想找一家便宜的旅馆落脚。正走着，郝成龙忽然想上厕所。我们开始到处寻找公共厕所。可是，非常遗憾，连找个厕所也不如愿。问了几位路人，都不清楚。

这时候，郝成龙面露难色，双腿甚至开始扭曲着。我知道，他可能实在憋不住了。可是，没有公厕，他不能就地解决吧？

怎么办呢？我们一边步履蹒跚，一边四处张望，希望能找到一个可以解决内急的地方。

忽然，我眼前一亮，前方一家酒店，看样子规模还比较大些，那里的洗手间一定可以解决郝成龙的燃眉之急。

我俩一路小跑，直到跑进饭店大门。

"阿姨，这里有洗手间吗？"我问。

"那里就是。"阿姨右手一指，可是忽然又想起了什么，说："这里只允许住店的人上厕所。"然后，她急忙打开前台的门，想出来拦我们。

管他呢，郝成龙显然已经等不及了，几乎以百米冲刺的速度奔向洗手间，我也本能地跟着跑过去，然后我俩分别进入厕所，并快速把门反锁。

厕所外面，是阿姨气急败坏的声音："你们是哪里来的野孩子？这里不是公共厕所，你们快出来！"

我们哪顾得了这么多，憋住，不说话。过了一会儿，我听到郝成龙长长地舒了一口气，很显然，他的问题已经顺利解决了。可能受了他的影响，我也顺便解决了一下自己忽然产生的问题。

然后，我俩打开门，出了洗手间。那阿姨还站在那里，一脸怒气。看我们出来，然后大喝一声，让我们接受罚款。

我和郝成龙没有理她，用一下洗手间就要被罚款，哪来的道理？我们只想快点离开这看似温馨的是非之地。

可是，那阿姨挡在我俩面前，不让走，执意要我们交五十元钱的罚款。看她蛮横无理的样子，我的脾气也来了。"请把你们经理叫来！"我理直气壮地说。

我就不信了，一个饭店，明明有洗手间，却不让人方便，难道是摆着好看的？大家都是人，难道他们不食人间烟火就从来没有内急的时候？而且，我们还只是小孩子呢，他们有没有同情心？这么大的城市，附近却没有一个公共厕所，难道这是我们的错？难道非得让我们在大街上就地解决，他们的脸上就有光泽？

我在心里大声地抗议着，没想到那阿姨竟然斩钉截铁地说："我就是经理，你们今天非交罚款不可。"

"你就是经理？"郝成龙看我理直气壮，他也咄咄逼人地说："能当上经理的人素质都应该比较高。就因为我们实在走投无路没有办法的情况下解决燃眉之急，就罚款，这算什么道理？你有法律依据吗？"

关键时刻，我发现我们这俩问题少年的思维都很敏捷，似乎表达能力也非同一般。要是姬大婶在场，她一定会大加赞扬。

"我就是法律！"那阿姨竟然大言不惭地说。

"真是无知！"我和郝成龙几乎异口同声，然后，我们俩互相交换了眼色，一起快速跑出了饭店。问题已经解决，和一个素质低下的人讲理不是长久之计。三十六计走为上，这是雷思仁老师经常说的。

慌乱奔跑之中，我竟然产生了惧怕的感觉。人生地不熟，要是酒店经理找坏人把我们抓起来，恐怕再也回不到家里了。

我心生恐惧，不再说话，拉着同样一脸凝重的郝成龙，继续疾步前行。我们一直沿着马路边上跑，直到看不见饭店的招牌，才气喘吁吁地停下来。然后，我俩竟不约而同地笑了。

身处异乡，这么狼狈，竟然是因为郝成龙的一泡尿。

郝成龙说："等有时间，我们去网吧，我就在微博上发布：'C旅馆＆一泡尿’，不信臭不死它。还旅游城市呢，看谁还去住他们宾馆。”

“那我们的行踪不就暴露了吗？”我说。

“哦，就是。”郝成龙点点头，恍然大悟。

离家出走，为的是躲开那个是非之地，哪有自己马上就向世人暴露行踪的道理。

离家出走之公交车奇遇

正在这时，一辆公交车停在路边，我和郝成龙不由自主地对望一眼，然后几乎同时奔向公交车。

上车，交钱，幸运的是竟然还有两个空座。我俩顺势坐下，长舒一口气，回想起刚才和酒店经理的冲突，还真有点儿后怕。

不过，还好，即使是酒店经理让人出来找我们，对他们来说，我们已经不知去向了。想到这里，我感到心安了许多。

公交车很快就到了下一站，我警觉地环顾了车站周围，还好，没有发现可疑的面孔。也许，那酒店经理，根本就没有把我俩放在眼里，根本就不会搜寻我们的踪迹。

这时候，一位农民工叔叔上了公交车。他满脸疲惫，衣服上沾着许多尘土和涂料，看样子刚从施工现场来。他看见有一个空位，就走过去等了一会儿，见没有人坐，才小心翼翼地坐下，而且只坐了座位的一少半边。

车厢里出奇地安静，大家都没有说话，都仿佛如同我和郝成龙，刚刚经历了一场激战而需要安静地休息。或者，大家各自在专心想着自己的事情吧。

忽然，农民工叔叔身边的一位衣着时髦的阿姨大声呵斥道："真是的，你穿得这么脏，就不应该坐公交车，会影响市容市貌的，你应该自己走路回家！"

农民工叔叔一脸歉意地说："其实我知道我身上太脏，也不想坐车，但是路太远，我今天实在太累了。"

这时候，车上有一位年轻的帅哥站起来，大声地说："兄弟，我这里有座位，请过来坐！"

"谢谢！谢谢！"农民工叔叔连声道谢，禁不住帅哥的再三邀请，就到帅哥的座位去坐下来，满脸洋溢着幸福的笑容。

尊重，是人与人之间最美的表达。这是甄山梅老师说过的。这些农民工干着世界上最脏最累的活，拿着最低最少的报酬，有的黑心老板还不及时发给他们工资。没有他们，高楼大厦不能拔地而起，小区的垃圾会堆积成山，会臭气冲天。他们才是文明城市的标签，我们应该尊重他们，宽容对待他们的衣着。

公交车继续前行，下车的，上车的。除了我和郝成龙，车厢内的人几乎换遍了。那位农民工叔叔，也不知什么时候下了车。

车又到了一站，又有几个人陆续上车了，最后上来的是一个抱着孩子的中年妇女。我刚想起身让座，可是，看看最靠近抱孩子妇女的有两个青年大哥大姐，一个正在翻看手机，一个正在戴着耳机哼着小曲，仿佛周围的一切与自己没有任何关系。再想想那位因为郝成龙的内急而歇斯底里的酒店经理和那位嫌弃农民工的阿姨，我忽然对这座城市产生了厌恶的情绪。虽然"旅游胜地"是这座城市的标签，但市民不知道尊重他人、不知道帮助弱势群体，这个标签有什么意义？

不知为什么，对于出走，我竟然开始有了一丝丝的悔意。

我决定让座。我学习不努力，但思想品德绝对没有任何问题。

可是，我刚刚站起，就发现刚才抱孩子的妇女已经落座了，正对身边的一位留着长头发的年轻大姐姐说："谢谢你！"

让我感到吃惊不已的是：大姐姐右臂下竟然挂着一根拐杖，她的右腿蜷曲着，无法着地。

毋容置疑，她是一位腿有残疾的人，或者是一位腿部受伤了的人。她慢慢挂拐来到后门，抱着门左边那根柱子，站定。

我环视四周，离让座姐姐最近的是一个中年男士，头发有型，衣着得体，他的身后也坐着七八个和让座姐姐年纪相仿的年轻人，但他们都淡定地坐在那里，或者说笑，或者用手机玩游戏，对挂着拐杖单腿站立的让座姐姐一副无动于衷的样子。

我想让座给她，可是姐姐离我很远，中间又有很多人，挂着拐来回不方便，于是只好放弃。又坐了两站，等我俩决定下车时，让座姐姐还抱着柱子安静地在那里。她的脸背对着我，我无法看到她的表情。但我一直在想，也许她很坚强，根本就没在乎大家的漠视，也许她很伤感，只是不想让大家看见，但无论如何，任何一个身心健康的乘客都不应该这样对待一位身残心善的姐姐！

我曾经在书上看到这样的话：有些人的身体是残疾的，但他们的心灵却是完好而美丽的；有些人的身体是完好的，但内心却是残疾而丑陋的。这话说得太给力了。那位大姐姐自己腿残拄杖，却起身将座位让给了别人，她的身体是残疾的，但她的心灵是多么的完好和美丽；而那几位打扮时髦的大哥哥大姐姐，他们的身体是完好的，但内心却是残疾和丑陋的。

离家出走之乞丐爷爷

估计离开那宾馆已经有很长一段路程，我俩才下了公交车，然后继续往前走，想找一个价格便宜一点的旅馆。

走着走着，我忽然看见一位衣衫褴褛的老人坐在路边，面前摆着一个破旧的小饭盆，手里断断续续地拉着二胡。二胡流淌出流行的曲子，却是伤感的调子。

我忽然想起了爷爷。如果他还活着，也该是这个年纪的人了。如果他还活着，他一定会无微不至地关心着我。也许爸爸妈妈就不会离婚了，我也就不会被贴上"问题少年"的标签了。

想到这里，我心里忽然涌上一种特殊的无法用语言描述的感觉，我走到老人的饭盆前，掏出一元钱，轻轻地放了进去，不由自主地叹了一口气，然后准备离开。

就在我转身的时候，老人的手突然抓住了我的裤腿。

我吓了一跳，他要干什么啊？难道我也会因为奉献给老人一元钱，却被老人赖着不成？我回头看着老人，不知所措。

郝成龙也赶紧跑过来，询问怎么了。

老人脏兮兮的脸上展开了笑容，皱纹如刀刻一般。他把手伸进自己的衣兜里，摸索了半天，掏出了十元钱，塞给我，说："给你，买书买本子，好好上学！"

我感到非常意外，也非常感动。我忽然觉得他就是我的爷爷，那么亲切，那么可爱，对我充满了信任和希望。

我把钱退还给乞讨的老爷爷，赶紧拉着郝成龙跑开了。我怎么能要老人家的钱呢？这十元钱，得是他乞讨了多长时间的所得啊，得是他好几顿饭的保障啊！

我和郝成龙继续沿街溜达，希望能找到一家便宜的旅馆住下来。便宜，是我们首要的条件。稍微好一点的宾馆，不光是价格贵，我们住不起，而且要求特别严格，必须出示身份证或者户口本。我俩都没有身份证，也没带户口本，无法证明我们的身份，当然也没有足够的钱，所以，只能住便宜的小旅馆。

原来，离开了那座熟悉的城市，我们似乎寸步难行。

好不容易才有一家小旅馆愿意收留我们。老板娘是一位四十几岁的阿姨，慈眉善目的，样子很亲切。

"有学生证吗？"她很友好地问我们。

"有啊，这个有啊。"我忽然想起来，因为学校学生会的同学经常检查，所以学生证一直放在我的书包里。

于是，阿姨依照学生证上的信息，做了登记。然后，她毫不客气地收取了一百元的押金，带着我们来到二楼的一间沿街的小房间，房间里除了两张小床，别无其他，哪怕是一个床头柜。

"这个房间可以看到夜景，离着厕所近，方便你们夜里上厕所。"阿姨不容质疑地对我们说。

我和郝成龙互相看了一眼，不约而同地点头表示同意。

其实，我们根本就别无选择，在这个时刻，也许就只能任人宰割。

反正我们是男孩子，被坏人拐卖的可能性很小。虽然我心里这样想着，但是不知道为什么，看着阿姨飘然下楼，我心里突然就仿佛敲起了小鼓，且一直敲个不停。

我和郝成龙坐在小床上，面面相觑，似乎都不知道该说些什么来相互安慰。

我不由自主地环顾房间，除了小床上那又脏又旧的枕巾和床单，就只有满墙的苍蝇和蚊子的尸体或者血迹。

我忽然就怀念起家里整洁的桌椅、沙发和舒适的大床。

也许，离家出走，真的是一次冲动的行动，但愿，我们不会受到冲动的惩罚。

我和郝成龙都不说话。他像我一样，一会儿起身，一会儿躺下，不知如何是好。就这样，我们俩默默地折腾了半天。饥饿感袭来，我俩一致决定去吃饭。

可是，吃什么，竟然立马就成了问题。除去车费和住宿押金，我俩手里的钱已经历历可数，别说吃什么大餐，就是不吃不喝，这些钱也就只能维持几天的住宿。找工作还是一个未知数，即便是马上找到工作，就凭我俩的长相，提前预支工资的可能性几乎为零。

我更加感到，离家出走，真的是一个错误的选择。

但是，一想到没有爸爸妈妈恩爱的那个家，我心里的怨恨就会泛起一层又一层浪花，唉，不想也罢。

我和郝成龙下了楼，小旅馆的门口到处都是卖食物的摊贩。包子、馄饨、鸡蛋饼等等，散发着各种化学作料的香气。

可是，平时这些饭我是不敢吃的。谁知道里面用的什么？血脖肉？鸡屁股？地沟油？联想起电视里报道的那些偷拍的镜头画面，我心里就恶心得很。妈妈从来不让我在小摊贩那里买吃的，她宁愿累，也亲自给我包包子、做馄饨。

郝成龙对吃没有什么讲究，想买几个包子吃，但是看到我表现出恶心的模样，他就放弃了。

"咱还是买方便面吃吧，"我说，"用热水一泡，就相当于杀菌消毒了。"

郝成龙点点头。我俩到便利店买了两桶方便面，问老板娘要了一壶热水，回到房间，没等方便面完全泡开，郝成龙就狼吞虎咽地吃了起来。看来，他真的饿了。

我俩没说话，专心吃面。不一会儿，像风卷残云一般，我俩把各自的面桶吃了个底朝天。

郝成龙看看我，眼神里充满了"再来一碗"的渴求。

我知道，他和我一样，没吃饱。

可是，面对郝成龙的目光，我躲开了。摸摸裤兜里的钱，我觉得不能贪一时之饱，需要精打细算。

我忽然觉得，过日子真的不是一件容易的事情。我知道为什么大人们那样拼命地挣钱攒钱了。也许，有了一定的经济基础，心里才会感到平安，当孩子张口要钱的时候，才不会犯难。

我觉得妈妈好辛苦！别的女人有了烦恼或者遇到困难，回到家里可以向自己的丈夫求助或者抱怨，而她不能，无论遇到什么委屈和困难，她只能独自面对，只能硬着头皮迎接挑战，只能一个人独当若干面。我，作为她的亲人，却如此不争气，不断给她制造羞辱，让她感到难堪，真是不负责任啊！

收拾完面桶，我和郝成龙躺在床上，开始聊天。

"能看电视多好啊！"郝成龙说，"我们住在这里就像与世隔绝了似的。"

"要不，咱去买份报纸看看吧。"我说。

"好吧好吧！"郝成龙连忙答应，迅速起身。

虽然，依照郝成龙的个性，他是不擅长阅读、不喜欢看报纸的。他是标准的轻量级读者，属于那种一看书就犯困或者没看多久就睡着的人。

但是现在，对我俩来说，看报纸也许是唯一一个了解外面世界的方式和途径了。而且，报纸上都登载一些招工信息，说不定，通过它，我们能很快找到工作呢。

也就响遍下课铃声的工夫，我俩就买来了报纸，然后分头浏览，都有点儿如饥似渴的感觉。

我重点看了新闻，郝成龙着重研究了几则笑话。最后，我俩一起研究起招聘信息来。

还算幸运，我俩很快就发现了一个招聘洗碗工的信息。虽然洗碗工作有可能很累，但是，那个饭店是每天一结工资，这可是我们最急需的。只要能及时拿到工资，我们最起码可以填饱肚子。

工作似乎有了着落，我和郝成龙安稳下来。我俩躺在床上，又开始聊天。

"你说老师会找我们吗？"郝成龙望着天花板，问我。

"也许吧！"我也望着天花板说，"班主任甄老师一定在找我们了，她一定会打电话找我妈妈，我妈妈一定会恐慌不已。"说到这里，我俩都没有继续说话，我仿佛听见郝成龙的爸爸正歇斯底里地喊叫他的名字，我仿佛看见妈妈正站在街上焦急地东张西望。

"你妈妈肯定急坏了，"郝成龙说，"她那么爱你。"

我没有说话，郝成龙一直羡慕我有一位知书达理的妈妈呢。

"哎，你说你爸爸会找你吗？"鬼使神差地，郝成龙竟然往我伤口上撒盐。

可是，我没有生气。"也许会吧。"我长嘘一口气说。

爸爸整天为别的女人忙前忙后的，不知疲倦，为我着急一会儿也无妨吧。况且，说不定，他已经不会为我着急了……

想到这里，我心里忽然又涌上一阵悲哀的涟漪，无法言表。

就在我俩都沉默不语的时候，忽然，响起了敲门声。

离家出走之从天而降的警察

"谁？干什么的？"我和郝成龙立即警觉地坐起来，不约而同大声质问。

"肖胡图，开门！"门外是老板娘的声音。

听见是老板娘的声音，我和郝成龙稍微松了一口气。但转念一想，我的心又不自觉"怦怦"急速跳动起来。不会是那解决了郝成龙内急的宾馆的人来抓我们吧？难道是老板娘向他们告发了？不会吧！不至于呀！这点为解决内急引发的矛盾也不至于惊动警察啊！完了完了，肯定是地方保护主义，警察肯定是保护地方，但是，就为这点事，警察就有权利来抓我们吗？

我刚想说服自己，一个念头又闪入脑海：说不定是老板娘勾结一些专门拐卖少年儿童的犯罪团伙，要把我们卖给黑煤窑或者黑工厂去当小工呢。或者，把我俩卖给一些更狠心的犯罪团伙，绑架到无人区，砍断我们的手脚，造成残疾，然后逼迫我们躺在闹市街头吸引善良之人的眼球、博取他们的同情心，以达到骗他们钱的罪恶目的。如果我们拒绝乞讨，就要挨打、挨饿，然后是更狠的伤残……

我简直不敢想下去了，我不知道自己的脑袋里什么时候储存了那么多可怕的黑色信息，现在这么清晰地出来捣乱。

我的心持续怦怦直跳，我发现自己真的很害怕。看看郝成龙的表情，一点儿也不比我轻松。他只是用大眼睛茫然地看着我，不敢出声，显然是等我拿主意做决定。

"肖胡图，郝成龙，开门，别害怕，我是警察。"外边一个男人的声音，声音很大，还算平静。

我和郝成龙对视了一下，不说话。但我凭着这个男人的声音开始断定，这不会是一帮坏人。电视剧里的坏人做事都鬼鬼祟祟地进行，怎么会这样大张旗鼓地宣称自己是警察呢？这要是让旅店的其他人看到或者听到后马上打110报警，他们不就是自投罗网了吗？

我看看郝成龙，他点点头，然后，我们一起打开了门。

门外，站着老板娘，还有两个很年轻的警察。警察走进小屋，然后就示意老板娘离开。

其中一个年龄稍大一点的警察说："呦，警惕性还挺高！看样子在学校里没有白学啊！"

我和郝成龙面色冷静，却不明白警察怎么会从天而降。我相信老板娘不会无中生有地举报我们，所以，对于警察的表扬也不敢当真，此时此刻，只能牢记并反复默念：沉默是金。

"说说吧，为什么来到这里啊？"年龄小一点儿的警察问。

"我俩是来旅游的，来旅游。"郝成龙灵机一动，信口胡扯。

"哈哈……"两位警察大笑，"据我所知，今天是星期三，你俩应该在学校里上课吧。"年龄大一点儿的警察似乎一眼就看出我们的慌张，不怀好意地说。

"你俩是哪里的？多大啦？别告诉我你们已经十八岁了哈。"另一个年轻点的警察说。

"我十二，他十三。"我觉得没有必要再隐瞒自己的年龄了，学生证上都写得清清楚楚的，警察来到这里，一定是先到老板娘那里查阅过了，我们还是老实交代为好。

"嗯，说实话就好。为什么逃学啊？说说我们听听。"年龄大一点儿的警察坐在床上，摆出一副要认真仔细倾听的样子。

这不是审问吧？我看看郝成龙，他也正用眼睛向我求证。

无论怎样，还是实话实说吧。要是连警察也敢欺骗，那我们就永远撕不掉"问题少年"的标签了。

于是，你一言我一语，我和郝成龙把离家出走的原因倾盘托出。与事实稍有出入的是，我重点渲染了父母离婚对我的打击；郝成龙重点强调了挨姬老师打的事情。

我们一边说，一边越发感觉到自己内心受到的莫大的委屈，有好几次我差点就哽咽了。这又让我们感到有点儿难为情。看来，电视上专家说得对：在陌生人面前，更容易透露自己真实的心声。

两个警察叔叔一边认真地听，一边不时表现出惊讶的表情。虽然那表情一闪即逝，但逃不过我机灵的眼睛。说到最后，两位叔叔的眉头都紧锁着，好像在思考很严肃的事情。

诉说完毕，我和郝成龙各自长舒了一口气，似乎完成了一件大事情，然后静待警察的同情和处置。

"嗯，你俩说的，我知道了。勇敢面对，并不能解决所有问题；但是不肯面对，则什么问题也解决不了。离家出走就是逃避，逃避不解决任何问题。明天，你们俩就回去。"年龄大一点儿的警察说。

明天就回去？我们不是离家出走了吗？明天就回去，不是让同学笑掉大牙吗？出走未遂，多不好意思啊。

"好好想一想吧，"年轻的警察说，"你们知道我们为什么会直接找到你俩吗？"

是啊，听他这么一问，我也感到纳闷：警察怎么会这么快就找到我俩了？

"是你们的家长报了警，你们的老师在同学中进行了调查，看到了微博。"年轻的警察不无得意地说。

我顿时明白，郝成龙那该死的微博啊！第一次出远门的郝成龙，在C汽车站拍了照片，然后随手就上传到了他的微博。就是这张照片，"及时"地泄漏了我们的行踪。

唉，郝成龙叹了一口气，但为时已晚。

警察从包里拿出两盒饼干、两根火腿肠、小咸菜，说："没吃饱吧？现在就继续吃，吃完饭后好好休息，明天回家。"一点儿也不容置疑的语气。

没有办法，我们只好乖乖地听话，抓紧时间狼吞虎咽。

第二天，我俩还在睡梦中呢，老板娘就在门外喊："肖胡图、郝成龙，赶快起床，别误了车！"

我俩不敢磨蹭，赶紧起床下楼。老板娘已经为我俩准备了还算丰盛的早餐。等我们吃完，她又拿出两张票，然后给我们打了出租车，把我们直接送到了车站。

我们打道回府。离家出走，正式结束。

信任意味着责任

离家出走的事情，让我和郝成龙身上"问题少年"的标签更加醒目，我感觉这是我俩咎由自取。

体育老师姬大叔对于自己无理的一巴掌已经给郝成龙道歉了。

班主任甄山梅老师对我们的离家出走似乎也没有任何怨言。她对我和郝成龙说："你们都13岁了，如果喜欢弗罗斯特的诗句：'两条路在树林里分岔，我选择走人少的那一条'，这很正常。我相信，你们以后一定会选择能负起责任的那一条。"

但是，我对爸爸妈妈复婚的事彻底绝望了，私下里虽然没有像郝成龙那样索性以"问题少年"自居、继续过着除了学习什么都做的生活，但是偶尔也会忍不住知错犯错，比如上课传纸条。

初一的课堂上，因为不愿意学习，只要老师不注意，我和郝成龙他们就传纸条。没有什么事儿要急着说，纯粹是为了好玩儿。我们写好纸条后，就让前后左右的同学传递。纸条的内容也无非是昨天看了什么电视节目啦、班里谁长得最漂亮啦等等。据说由于我们几个经常在一块玩儿，班里其他同学都私下认为我们是一个"小集团"，对我们有些恐惧。所以，只要有纸条，只要老师不注意，绝大多数同学就会马上帮着传递，而且非常顺利。这让我们感觉很刺激、很过瘾。

然而这一次却遇到了克星，他就是郑一宸。郑一宸学习成绩一贯很好，篮球打得一级棒，是深受老师们喜爱甚至宠爱的优秀学生。

我平时最讨厌那些自以为成绩好就自高自大、目中无人的家伙，但贴着"优秀男"标签的郑一宸并不属于这种人，所以，我也并不怎么讨厌他。但就是他，在郝成龙传纸条给我时，把纸条拦住了。

那是一堂英语课，甄山梅老师外出开会去了，另一位老师给我们代课。英语成绩一贯以个位数注册的郝成龙备受煎熬。趁老师在黑板上写题目的空儿，坐在前排的他又往后传纸条了。

我坐在最后排，看着纸条被一只只手飞快地传递着，正思索上面会写些什么，就看见纸条传到郑一宸桌上时被他用力一吹，落了地，他自己却像什么事儿也没发生一样，继续做题。

看到郑一宸不屑一顾的样子，我有点儿生气。好容易熬到下课时间，我马上找到郝成龙，然后一起来到郑一宸面前。

郝成龙质问："你为什么不给我传纸条？"

"什么纸条？我没看见！"郑一宸的态度很平静，口气却非常硬。

"我明明看见纸条传到你的桌上，你却把它吹到地上了。"我盯着他，理直气壮地说。

"啊，我还以为是谁扔过来的废纸呢！"郑一宸的嘴角竟然露出笑容。"不过，"他又说，"我认为上课传纸条是不对的，对谁来说都有害而无益。"说完，他就走向讲台擦黑板去了。

我和郝成龙站在那儿，很丧气，也很无奈。实际上，我们俩谁都明白，郑一宸说的话是对的，我们的做法纯属无聊的表现。

可是，谁让我们贴着"问题少年"的标签呢？谁又能让我们"有聊"起来呢？

原以为这件事儿就这样结束了，没想到过了几天，又生出新的事情来。

这和思想品德课有关。初一时我不喜欢上思想品德课，但为了证明我的思想品德没有问题，我总是认真地背题。我背得快，通过考前突击，这一学科的考试成绩还是不错的。

进入初二以后，教我们思想品德的换成了刚送完毕业班的闻钰老师。她有一双温柔又充满智慧的眼睛，一副平常但从容淡定的面容。尤其是她性格平和，让人感觉和蔼可亲，我们一点儿也不害怕她。

其实，回想起来，来到这所学校我见到的第一个老师就是她。

报到第一天，一个人初来乍到，虽然我看到平面图显示自己被分在初一（二）班，但不知道初一（二）班坐落在哪座楼上。

正当我犹豫着是否求助于人的时候，我看见不远处一位阿姨弯下腰捡起一个垃圾袋扔进垃圾箱里。然后，她慢慢向我走来。她穿着和学校大门口迎宾老师一样的衣服，看样子是这所学校的老师。她似乎觉察到了我正遭遇困难，就停下脚步，温柔地问我是不是找不到班级了。见我点头，她就又问了我的班级号，然后就指着一座大楼，亲切地对我说："你的班就在这座楼上，三楼，西头。"

我顿时感觉有如旱田迎来一阵春雨，感激地说了一声"谢谢！"她没说什么，微笑着点点头就走开了。

虽然那时我因为爸爸妈妈的事情而心情沮丧，但我感觉好像立即喜欢上了这所学校，因为有这样和蔼可亲的老师，我盼望自己能成为这位老师的学生。但是，所有老师都来上过课以后，我失望地发现，并没有这位老师的身影。后来，我了解到，这位老师名叫闻钰，正在教初三毕业班。

升入初二以后，我惊喜地发现闻钰老师开始教我们班的思想品德课。她总是用温柔的眼睛静静地看着我，充满善意，但我感觉很不自在。

踏着上课的铃声，闻钰老师迈着轻快的步子走进教室。思想品德课代表秦红雪正努力地领读课本内容，被老师用手势制止了。

我非常不喜欢秦红雪，不知道初一的时候班主任雷思仁为什么会让她当课代表。她学习成绩比我好不到哪里去，但老觉得自己是什么班干部，经常自作主张在黑板上留作业，实际上老师根本就没有布置。时间一长，不光我们几个"问题少年"，就是平时很听话的同学也不听她的瞎指挥了。

"崔永元，知道吗？"闻钰老师微笑着问我们。

"知道！"大家异口同声地回答，同时立即兴奋起来。我当然也知道，每次看他与赵本山和宋丹丹演的那个小品，我都大笑半天。

"他主持的节目叫——"闻钰老师故意拖着长音。

"谢天谢地，你来啦。"没等老师说完，我就不由自主地大声回答。虽然我几乎没有举手回答过问题，但是只要我知道的题目，大家一起回答的时候，我的声音还是蛮大的。这一次特别突出。

同学们都善意地哄笑起来，并一起朝我这边看。我不争气的头竟然又自觉地低下了，我想自己有时候可能真的如姬大婶所说："自信不足，自卑有余。"

"对，肖胡图同学说得对。"闻老师不但没有生气，而且依然微笑着说："以前，他还主持了一个有名的节目叫'实话实说'。我很喜欢。今天，我们也来一个实话实说好不好？"

"好，好。"大家高兴起来，有的同学甚至拍起了巴掌。

"只不过，"老师加重了语气，"为了保证大家都能够实话实说，我决定让你们把自己想说的话写下来，不愿意署名的同学可以不署名。"老师一边说，一边发调查问卷。

我接过调查问卷一看，立刻就明白了。老师发给我们的问卷上写着：上课时你让别人传过纸条吗？你给别人传过纸条吗？如果有人不给你传，你会怎么办？你对这件事儿是怎么看的？请实话实说。

同学们有的小声议论起来，大部分人已经开始动笔写了。

郝成龙回过头来，迅速地朝我挤了挤眼睛。

我撇了撇嘴，算是回应。但我没有动笔，对于上课传纸条行为的好坏我心知肚明，但我明知不对为什么还要知错犯错呢？前面已经讲过原因了，这个原因即使是匿名，我也不想告诉别人。

闻钰老师在班里走来走去，当她走到我身边，我就装出写的样子；当她走远，我就立即停止。但是，坐在那儿看别人认认真真地写，我又的确不知道自己该干些什么，只好一遍一遍地看手表，希望快点下课，好像这样就能马上逃掉似的。

大约过了二十分钟吧，大部分同学写完了。老师让最后一排的同学把问卷收起来。我赶紧站起来，迅速向前收。说真的，在学校里除了学习上的事儿，其余的事儿我还是很愿意干好的。

收到郑一宸的问卷的时候，我特意看了看。嘿，这小子还挺能写的，密密麻麻写了整整一张纸。看来，他的确挺有想法的。不过，但愿他没把我和郝成龙写进去。

我把卷子交给闻钰老师，转身就想离开。老师突然叫我："肖胡图。"唉，坏了！我下意识地回过头来，准备挨批评。

"收齐了吗？"老师温和地问，同时把我收的问卷放到其他问卷的上面。

天助我也！我心里窃喜。OK，又过关了。老师根本就没发现我和郝成龙没交。"收，收齐了……"我说话竟然有些结巴起来。

看来，做贼心虚，这话儿一点儿不假。

老师示意我可以离开。我急忙逃也似的回到座位上，心里忽然忐忑不安，给我传过纸条的人太多了，他们会说些什么呢？

老师把收上来的问卷迅速浏览了一遍，马上分成了两部分。我想，在她来回走动的时候，肯定是浏览了大部分同学写的内容了。

"现在，我想请大家再讨论一个问题。"老师很严肃地说，"有人让你传纸条时究竟应不应该传，咱们班存在两种不同的态度。请同学们交流一下自己的观点，并说说原因。"同学们开始分组讨论起来。

我没有同桌，我前面的人又和他们前面的同学讨论，我有点儿被孤立的感觉。不过，习惯了。

只是，让我深感意外的是：原以为所有的同学一定都会认为不该传纸条，但老师的话分明是说：有的同学认为应该传！这让我很不理解。连我都认为上课不应传纸条，还有谁会不这么认为呢？

十几分钟以后，同学们停止了讨论。老师让大家推荐了几个代表站起来发言。最先发言的是郑一宸。他义正辞严地说："我认为上课传纸条是非常不应该的，这不仅影响了老师的正常上课，也影响了传纸条的同学的听课质量。而对于让别人传纸条的人来说，既要花费时间写纸条，还要想方设法让别人传下去。所以，这样一来，上课就不可能认真听讲，学习成绩就不会好，长期下去，也养成了不好的学习习惯。因此，我认为上课不应该传纸条。"

老师边听边点头，显然很赞成郑一宸的说法。接着，又有几个同学站起来发言，意思都和郑一宸说得差不多。总而言之，上课传纸条有百害而无一益，不应该传。

我觉得索然无味。这些都是早就听惯了的言论，没有什么新意。我感觉有些失望，我期待着的不同意见看来是没有了。

这时，老师忽然叫起了杨倩兮，让她把自己的见解告诉大家。

杨倩兮清了清嗓子，丝毫没有受到王美娜事件的影响，用她拿捏到位的腔调说："我个人认为，如果上课有人让你传纸条，你应该传。为什么呢？因为，假如纸条放在你桌上了，你不赶快传下去的话，写纸条和收纸条的人就会反复地打手势或者小声喊你，叫你给他传；倒不如马上给他传下去，既不耽误自己学习，又不影响同学关系。两全其美，何乐而不为？再说，如果你不传，他还会叫别人传的。"

真新鲜！杨倩兮思考问题的角度和别人就是不一样。本来明显属于无理的事情，她却说得抑扬顿挫、滴水不漏。

老师可能不大满意，我看见她轻轻地皱了一下眉头。她问："大家同意杨倩分的意见吗？"

　　同学们显然被杨倩兮的观点震住了，大家看看杨倩兮，再看看闻老师，不知如何发表自己的见解。

　　"我不同意杨倩兮的说法。"郑一宸站起来，语气有些急促，很激动的样子。他说："我认为这是对写纸条的人的纵容，也是不负责任的表现。举个例子说：一个人因为偷窃他人财物而入狱，出狱之后又去偷东西。我们能说'反正他不偷我的就会偷别人的'，就不去制止他了吗？或许传纸条这件事儿没有这么严重，但是，如果没有人做传纸条这件事，课堂上肯定就不会有人写纸条了。我觉得杨倩兮的说法有一些不合适。"

　　"就是！对呀！"许多同学随声附和。

　　我忽然替杨倩兮难过，她真是孤掌难鸣啊！我禁不住又看看表，还有三分钟就要下课了。

　　老师示意郑一宸坐下，然后认真地说："我同意郑一宸的观点。但是，杨倩兮同学的观点是不是也反映了一个现实，反映了我们部分同学身上存在的一些现象呢？有的同学出于恐惧、害怕报复，不敢不传；有的同学为了息事宁人，不得不传；有的呢，纯粹是为了所谓的哥们儿义气，不能不传。但是大家仔细想想看：你这样做，到底是帮了写纸条的人呢，还是害了他？"

　　"害了他！"同学们不假思索齐声回答。

　　"对，"老师露出了笑容，"这样只能助长他的坏习惯的形成，不利于他的学习和健康成长。"

　　"好了，"老师短暂停顿了一下，然后又说："从你们写的内容看，大部分同学都知道怎样正确对待上课传纸条的事儿，希望这些同学说到做到；个别同学的观点虽然有失偏颇，但是敢于说实话的精神值得肯定。话又说回来，肯定归肯定，不当的地方希望立即改正。"

这时候，下课铃响了，老师收拾起材料，迈着轻盈的步子离开了教室。但刚走出教室门口，忽然像想起了什么似的，她回过头来，说："肖胡图，课间操以后，你到我办公室来一下。"

刚感觉轻松自如的我的心又狂跳起来，大概，我窃以为已经瞒过去的问题还是被闻老师发觉了吧。

课间操以后，我磨磨蹭蹭地来到办公室。

唉！真不愿意走进这"熟悉"的地方。

"肖胡图，过来。"闻老师温和地叫我，好像什么事儿也没有发生过，"你愿意被别人信任吗？"她问。

当然愿意，谁不愿意被别人信任呢？我点点头。

"但是应该怎样才能获得别人的信任呢？"闻老师紧接着问。

"说实话，不撒谎，讲诚信，真诚相待……"我毫不犹豫地把我所知道的词语说出来，我最讨厌那些当面一套、背后一套的家伙。比如秦红雪，上自习课的时候，甄老师一来，她就装出很老实的样子；可是只要甄老师不在，她比谁都能说能笑！

"说得对。"闻老师拍拍我的头，"可是，你刚才却做了一件无法叫我信任你的事儿。"她紧盯着我的眼睛。

天呐！果然不出我所料，她早就看出来了。

坏了，麻烦肯定又来了！唉，我低下了头。

"我让你收问卷，就是授权给你。授权意味着信任，信任意味着责任。我知道你为什么没有交问卷，也知道你为什么说都交齐了，所以我不想追究下去。"闻老师又拍拍我的肩膀，"我只想问你一句话：还想得到我的信任吗？"

"想！"我脱口而出，好像不说就没有机会了似的。

这也是我的真心话。原以为得遭遇一场批评，没想到老师竟不追究了。我觉得闻老师是一个善良的人，从见到她的第一天开始我就这么认为，我不想再辜负了她的信任。

"那好，"闻老师愉快地说："听其言，观其行，我就再给你一次机会。"她又补充道："有句话说得好，心态决定看世界的眼光，行动决定生存的状态。要想活出尊严，展现不凡，只有改变观念，自立自强！我对你还是抱有很大希望的，在各个方面。"她加重了语气。

老师示意我可以离开了。我一如既往逃也似的离开了办公室。可是与以往不同的是：这一次离开时的心情却是非常轻松，甚至是有些快乐。我说不清是因为什么，但我终于清楚地知道，自己骨子里并不是一个天生就不求上进、破罐破摔的人！

有人说，没有比脚更长的路，没有比人更高的山。阻挡你前进的不是高山大海，而往往是自己脚底一粒小小的沙！

甄老师和闻钰老师都对我这样抱有希望，我真的还有希望吗？

闻老师的"学力不足"说

人生，有盼头就有动力，有动力才有活力。

不知为什么，我发现自己开始喜欢上思想品德课了。

记得在过去的一年里，思想品德课的内容好像也很丰富，怎样热爱生命啦，如何团结同学啦，等等。但当时上课的时候，我们除了做题、讲题，就是反复地背题。好端端的课本，竟然全部习题化了。一篇课文到最后就变成了五个题目，还得全部背诵，我真的感到这样的思想品德课很没意思。

现在，闻老师接了这个班之后，尽管有些内容我还是难以理解，但我至少能够积极参与各种活动了，也乐于倾听同学们列举的每一个案例。对于每周两次的思想品德课，我竟有了盼望之情。

又是周二的下午，又到了思想品德课。闻老师像往常一样踏着铃声进了教室："告诉大家一个好消息。"她故意卖关子。

大家立即安静下来，焦急地等待着下文。

"从下一节课开始，我想在班里进行时政热点播报活动。"。

耶！大家高兴地大喊起来，似乎这样才能表达自己的喜悦心声。其实，究竟怎样进行时政热点播报活动，我们根本就不知道。

老师又认真地说："进行时政热点播报活动的目的，是通过对国内外时政热点的播报，给大家传递最新时政信息，并通过热点故事传播正能量，同时，也提高你们搜集资料、分析问题的能力，锻炼自己的语言表达能力，从而提高大家的综合素质，而不是单纯地乱说一气。大家明白了吗？"

"明白！"还没等别人开口，我又习惯性地大声脱口而出。

同学们都笑起来，同时也对时政热点播报表示出极大欢迎。

看大家热情高涨的样子，闻老师很高兴，她看着我说："好，下一堂课，就让肖胡图同学第一个给大家进行热点播报吧，好不好？"

"好！"全班同学热烈鼓掌，一致赞同。

我的心开始怦怦直跳。在接下来的整整一节课里，我几乎只想了一个问题：我能行吗？如果讲得不好，别人会怎么看我呢？可是，转念一想，反正自己已经是个贴着"问题少年"标签的人了，与其患得患失，不如好好准备，然后给大家一个惊喜。况且，我经常看《新闻联播》《今日说法》等节目，知道的时政热点还真的不算少。再说，我可以借鉴一下妈妈订阅的手机报。如果播报得好，说不定从此以后别人会对我刮目相看呢！我有些虚荣地想。我暗下决心，一定选一个既典型有趣又能传播正能量的热点故事讲给大家听。

于是，接下来的日子里，我的生活倍加充实。上课，写作业，搜集材料，寻找热点故事。我不太喜欢那些关于国家大事的热点问题，以我现在的认识水平根本就分析不清楚，而且照背别人的观点我感觉也没有意思。那段时间，我找来找去也没有发现自己感兴趣的热点故事。我很着急，也有些沮丧，甚至开始后悔，不应该那么草率地成为班里"第一个吃螃蟹的人"。

正在焦头烂额之际，我在走廊上偶遇闻老师。

"老师好！"我怯怯地打招呼，害怕闻老师问起热点播报的事。

闻老师点点头，然后又像想起了什么似的，说："哎，肖胡图，你那个热点播报准备得怎么样了？"

真是哪壶不开提哪壶！但我没有办法，只好硬着头皮说出我真实的想法："闻老师，我实在没有找到感兴趣的热点问题。我能不能给大家讲个故事？就是能传播正能量的那种？"

"当然可以啊！"闻老师非常痛快地说："不过，一定要控制住时间啊，不要超过六分钟。"

"OK！"我忍不住大叫起来，讲故事，这可是我小学时的强项啊，我还曾经被评为学校的"故事大王"呢。当然，那是小学三年级的事。

我开始翻阅曾经读过的那些富有哲理的故事。天遂人愿，我不但找到了满意的一篇，竟然还在网上找到了与之相关的幻灯片。太好了！我激动得几乎一夜没合眼，按照老师的要求把故事进行了删减，并把幻灯片进行了修改，然后背诵，在家里自己对着镜子讲了一遍又一遍。

终于，就在我自我感觉准备得比较充分的时候，上思想品德课的日子也来到了。上课铃声一响，我就开始紧张。闻老师一出现在教室门口，我紧张得简直都不想站到讲台上给大家讲这个故事了。

"今天，我们好像应该先干点儿什么事儿！"闻老师笑着说。

"时政热点播报！"大家的兴致似乎很高，说话的声音都特别大。

"第一个讲的是谁来着？"老师竟然忘记了，或者故意逗我们。

"肖胡图！"同学们齐声回答，同时把目光"唰"地投向我。

我赶紧低下头，我的脸一定通红了。自从升入初中以后，我在班里公开挨批评的时候比较多，而站在讲台上当众讲话似乎还从未有过。

"肖胡图，准备好了吗？"老师温和地望着我。

"没，没有。"我小声地回答。

说实话，我感觉自己其实很矛盾，既想踏上讲台当众讲这个精心准备的故事，又似乎突然想要放弃。

"大胆地讲吧，你有这个能力！"闻老师仍然微笑地看着我，然后又对大家说："对有些同学来说，能站在讲台上当众说话就是很大的进步，所以，无论他说得怎么样，希望大家都能够用热情的掌声对他表示鼓励和尊重。下面掌声有请肖胡图！"老师带头鼓掌。

掌声中，我不由自主地走向讲台，我暗暗告诉自己，一定要冷静、平静、淡定。但事与愿违，站到讲台上的我竟然不敢目视全体同学。

我深吸一口气，抬起头，刚想开口说话，却忽然看见郝成龙在下边朝我挤眉弄眼，我被他的样子逗笑了。同时，我也不由自主地把头深深地埋在胸前。

闻老师走上前来，拍拍我的肩膀，小声说："肖胡图，自信一点儿，大胆地讲吧，我相信你！"

我止住了笑，深深地呼了一口气，开始按照事先准备好的内容，一边播放幻灯片，一边讲了起来：

石头汤

〔美国〕琼·穆特著；阿甲译

三个和尚走在一条山路上。他们聊着猫的胡须、太阳的颜色。

"什么使人幸福，阿寿？"最年轻的阿福问。

阿寿年纪最大，也最有智慧。他说："我们去找找看。"

一阵钟声把他们的目光引向山下，那里有一个村庄。他们站得太高，还看不清楚。他们不知道这个村庄曾饱经苦难，饥荒、洪水和战争让村民们身心疲惫。村民们不相信陌生人，甚至还会怀疑自己的邻居。村民们辛苦劳作，但从来只顾自己。

当和尚们走到山脚下时，村民们早已躲进家中。一看到和尚们走进村庄，村民们又紧紧地关上了窗。和尚们去敲第一家的门。没有人回答。接着，房里的灯灭了。他们又去敲第二家的门，结果还是一样。

就这样，一家挨一家，一户又一户。

"这些人不知道什么是幸福。"和尚们说。

"可是今天，"阿寿说道，他的脸庞像月亮一样皎洁，"我们要让他们看看我们怎么煮石头汤。"他们捡来些树枝，点起一堆火。他们拿出一口小铁锅，盛满井水，架到火上。

一个小女孩一直在看着他们，她勇敢地走上前，问道："你们在干什么？"

"我们在捡柴火。"阿禄说。"我们在生火。"阿福说。

"我们在煮石头汤。我们需要三块又圆又滑的石头。"阿寿说。

小女孩帮和尚们在院子里找石头。他们找到三个正好合适的石头，然后把它们放进水里去煮。"这些石头可以煮出极其美味的汤，"阿寿说，"可是这么小的锅，恐怕煮不出很多。"

"我妈妈有口更大的锅。"小女孩说。小女孩跑回家。当她要拿锅的时候，妈妈问她要做什么。"那三个陌生人要用石头煮汤，"她说，"他们需要我们家最大的锅。"

"嗯，"小女孩的妈妈说，"石头满地都是，我倒想学学怎么用石头来煮汤。"

和尚们拨了拨柴火，一时炊烟袅袅。左邻右舍纷纷探出头来。那堆火，那口大锅，支在村里的正当中，真是稀奇古怪！村里人一个接一个走出家门，想看看石头汤到底怎么煮。

"当然啦，煮传统风味的石头汤，加点儿盐和胡椒粉，味道会更香。"阿福说。

"不错，"阿禄一边在巨大的锅里搅着水和石头，一边说，"可是我们没带……"

"我家有盐和胡椒粉！"一个人说，一转眼他就不见了，回来时拿着盐和胡椒粉，还有一点别的调料。

阿寿尝了尝。"上次我们煮这么大、这种颜色的石头时，还放了一些胡萝卜，那汤可真甜。"

"胡萝卜？"站在后排的一个妇人说，"我家可能有！不过只有几根。"她转身就跑，回来时捧着许多胡萝卜，多得都快抱不住了。她把胡萝卜倒进大锅。

"再放几个洋葱，你们觉得味道会不会更香？"阿福问道。

"哦，对啊，放个洋葱进去味道也许不错。"一个农夫说着，快步离开。过了一会儿，他拿来五个大洋葱，把它们放进沸腾的汤中。

"嗬，真是一锅好汤！"他说。

村民们都点头称是，因为那汤闻起来真的很香。

"不过，要是我们有蘑菇的话……"阿寿说着，摸了摸下巴。

几个村民舔了舔嘴唇。还有几个一溜烟儿地跑开，回来时拿着新鲜的蘑菇、面条、豌豆荚和卷心菜。

村民中间，一件不可思议的事情发生了。当每一个人敞开胸怀付出时，下一个就会付出更多。就这样，汤里的料越来越丰富，汤闻起来也越来越香。和尚们搅啊搅啊，汤咕噜咕噜冒着泡。闻起来可真香！喝起来一定更香！村民们一个个都变得那么慷慨好施！

汤终于煮好了。村民们聚在一起。他们拿着米饭和馒头；他们端来了香茶，点亮了灯笼。大家坐下来一起吃。他们已经很久没有在一起欢宴了，甚至没人记得，以前是否曾经有过这样的欢宴。

宴会结束后，他们又说故事、又唱歌，一直闹到深夜。然后，他们敞开家门，争着把和尚请到自己家，给他们住非常舒适的房间。

在一个春天的早晨，和风送暖，杨柳依依，村民们聚到河边给和尚们送行。"谢谢你们的款待，"和尚们说，"你们真的是太慷慨了！"

"谢谢你们，"村民们说，"你们带来的礼物，给我们永远也享用不尽。你们让我们明白了，分享使人更加富足，幸福就像煮石头汤那么简单。"

伴随着音乐，我把故事讲完了。与其说是"讲"，不如说是"背"，因为准备充分，我对这个故事"背"得很熟，可能给人感觉"讲"得很顺畅。

教室里很静，我看见同学们正沉浸在故事之中。大概同学们都被我镇住了。等我讲完，音乐声停了，他们才报以热烈的掌声。

我高兴极了。原来自己也可以这样帅、这样从容！

闻老师一直带领大家鼓掌，直到我回到座位上，然后"狠狠"地表扬了我，问大家："你从这个故事里，懂得了什么呢？"

同学们你一言我一语，回答异常积极。

最后，闻老师总结说："其实幸福很简单。只要你有一双慧眼，善于发现；有一颗善感之心，善于感恩；有一个宽广的胸怀，善于分享。幸福无处不在，我们要倍加珍惜！"

听闻老师这样说，我忽然又想起了一句话：你可以一辈子不登山，但你心中一定要有座山。它使你总往高处爬，它使你总有个奋斗的方向，它使你任何一刻抬起头，都能看到自己的希望。今天的这一次演讲，让我看到了希望！

下课以后，闻老师又把我叫到她的办公室。那时候已经是下班的时间了，办公室里的老师们也都走了。

"咱俩好好聊一聊吧？"闻老师示意我坐下，然后倒了一杯水给我。

"好啊！"虽然我不知道闻老师要跟我聊什么，但因为演讲的成功，我感觉自己心里坦然了很多。

"在教你们之前，我早就听说，班里有几个"问题少年"，你是其中的一个。所以，从给你们上课的那天起，我就对你们进行了全方位的观察和调查。到现在为止已经有一段时间了。经过这么长时间的调查和观察，我发现，事实并非如此。尤其是你。"闻老师一字一顿地说。

听到闻老师提到"问题少年"四个字，我无言以对，只洗耳恭听。

"只要你感兴趣而且认真对待，你在课堂学习中就会反应很快，记忆力也非常好。还记得吗？那次你上课偷看漫画书，我说只要你五分钟内把一段文章背下来，我就把书还给你，且不再追究，结果你背过了，而且背得一字不错。全班能达到你这样水平的，恐怕也只有郑一宸一个人。"闻钰老师不紧不慢，侃侃而谈。

我点点头。为此，我还暗自得意了很长时间呢。

"你回答问题的思路一点儿也不混乱，甚至可以说比较清晰；你只是不愿意积极回答而已。尤其是你不喜欢的老师上课的时候。"

的确如此，我在心里说，比如语文课。

"你的语言表达能力也很好。看看你的作文就知道。我看过你的作文本，通过作文对你也有一定了解。我想你在小学的时候，语文一定学得不错。或许，你在文字表达方面有一定的潜质，或许是天赋。"闻钰老师不动声色地看着我，继续说。

嗯，我点点头。老师说的极是。

"只是，你的自我控制能力有欠缺，而且，课堂上也有不遵守纪律或者故意干扰别人的行为，比如传纸条。"

嗯。老师一针见血，我心悦诚服。

"针对我的判断，我找你妈妈谈过话。没经过你的同意，你不反感吧？"闻钰老师说。

哈哈，开玩笑啊。老师用心关注我，我有什么可反感的？我连忙摇头。

"我分析了，你之所以由小学时候的优秀学生，变成现在这样不求上进，原因有以下几个方面：你父母突然闹离婚，使你的心理受到很大的伤害，使你的情绪受到严重干扰。在这件突发事件的影响下，你无心学习，所以，对刚上初一时的那学期某些学科的某些章节的知识，一时没有完全掌握，从而造成了阶段性的学习困难。"

嗯，有道理。我点点头。

"在父母离婚的巨大压力之下，又因为班里某些同学某些情况的影响，你养成了不良的学习习惯：不预习功课，作业马马虎虎，完成不及时；考试前也不及时复习，上课的时候经常走神，不能专心听老师讲解点拨。积行成习，积习成性，本来只是属于你的暂时性困难，因为没有得到及时改变，渐渐地变成了稳定性困难。所以，初一那年，你的学习成绩虽然没有在班级的最后面，但始终处于中下游水平。"

嗯，我听着闻老师的分析，就像小鸡啄米，连连点头。

"经过分析，我得出的结论是这样的——"闻老师看着我说。

不知为什么，我心里忽然开始惊慌，就像有小鹿乱撞，或者百爪挠心一般，大概也像是等待宣判的嫌疑犯。

"你绝对不是传说中的'问题少年'。你只是对某些问题的认识还处于糊涂的水平。正是你糊涂的认识和处理问题的糊涂方式，导致了学业成绩差，学力不足，学力不良。"闻钰老师肯定地说。

"呵呵，嗯嗯……"我觉得闻老师真是一个特别的老师。初一时的思想品德老师，上课就是领着我们做题、讲题，然后让我们拼命背题，一切以提高成绩和名次为根本目的。可是，现在的闻老师，脑袋里怎么会有这么多的奇思妙想？我一时找不到合适的词语来表达了，就算是奇思妙想吧。

"可是，老师，我不就是学习成绩不好吗？怎么是学力不良？"

"哦！"闻老师突然意识到了什么，不由自主地笑了，说："这样说你可能不明白。学力不良，或者说学力不振，通俗理解就是说学习的能力不够好。"

我恍然大悟。"但是，我都学力不良了，以后还能改变吗？"我担心地问。

"当然可以逆转。关键看你是否能够转变你那些糊涂的思想。你自己说一说：你有哪些糊涂的思想？"闻老师看着我。

"不主动学习，不认真听讲，不积极回答问题……"我说。

"哈哈。这不是思想，这是行为。"闻老师笑着说。

看我一脸茫然的样子，她继续说："你父母的离婚给你造成了巨大的伤害，你给自己贴上了'不幸'的标签。你觉得他们不应该离婚；你觉得你应该有一个完整的家；你觉得家解体了你就应该悲伤，就应该玩世不恭，就应该沦为差生。你是不是这样想的？"

我点点头。是的，我就是这么想的。

"你的这些观念是不合理的，它会导致许多不良的负性情绪反应。如果你感兴趣，咱再找时间，我详细说给你听。"闻老师看看手表，说，"有句话说得好：一个人要学会在顺境中不沾沾自喜，更要学会在逆境中不怨天尤人。生命的乐趣不是吃饱穿暖，而是能够勇敢地去战胜你面前的困难。记住，当你爱上你所拥有的，你就什么都不缺了。感谢你的信任和坦诚，希望今天咱俩的交谈，会成为一个良好的开端。时间不早了，你赶紧回家吃饭。"

我点点头，飞身跑出办公室。虽然，我不知道自己的那些观念为什么是不合理的，但听到闻老师说经过调查发现我绝对不是传说中的"问题少年"而只是学力不良，我感觉自己仿佛摘掉了身上那个"问题少年"的标签，感觉一身轻松。

我飞奔着回家，突然感觉今天天气真好！阳光、微风，还有随风颤动的树枝，都好像在和我一起轻松地欢呼回应。

上楼的时候，我脑海里突然跳出闻老师曾经用PPT展示给我们的一些话：你匍匐在地上仰视别人，就不能怪人家站得笔直俯视你。无法改变风向，可以调整风帆；无法左右天气，可以调整心情。如果事情无法改变，那就去改变观念。等等。

后来我知道，原来，闻老师还是一位国家级心理咨询师呢。怪不得她那么懂得我们的心理呢！妈妈说，有这样的老师，是你的福气。

我心里暗暗发誓：过去的就让它过去吧，我，肖胡图，在这个2013年的深秋，要开始过新的生活了。

郝成龙想借酒浇愁

曾经，我从妈妈的手机报上看到这样一句话：我们似乎总会在某一年，爆发性地长大，爆发性地觉悟，爆发性地知道某个真相，让原本没有什么意义的时间刻度，成了一道分界线。

我觉得这些话似乎就是专门说给我们这些贴着"问题少年"标签的人听的。

这不，"问题少年"我肖胡图刚刚打算充满希望地生活，"问题少年"郝成龙那边就出事了。

星期六的下午，我聚精会神地在家里写作业。聚精会神，曾经是整个初一阶段与我毫不沾边的一个标签，现在，真的可以理所当然地贴在我的身上了。我仿佛找到了小学时那种认真学习的感觉，甚至产生了争取学习成绩在班里名列前茅的念头。

很意外地，我接到一个陌生人的电话。而且，万万没想到的是：打电话的人竟然自称是警察。

我吓了一跳。我这十几年来只与警察打过两次交道：一次是因为吴鑫鑫，一次是离家出走之后。

不过，我马上就反应过来，这可能是诈骗分子在冒充警察利用电话进行一些违法犯罪活动。

"你是警察？呵呵，我当警察已经多年了！"我尽量压低自己正处于变声期的嗓音，故作从容、久经沙场地说。

"哈哈，年龄不大，警惕性还挺高！"对方没有被我的从容不迫吓倒，反而表扬之情溢于言表。

随后，对方似乎不容我多想，严肃地说："说实话，你是不是郝成龙的同学肖胡图？"丝毫不容搪塞的语气。

"我就是啊，怎么啦？"我心里开始打鼓，担心可能有什么不好的事发生，但是，我尽可能地拿捏着丝毫不容欺压的腔调。

"那你知道郝成龙家住在哪里是吧？"对方并不在乎我的腔调，仍然严肃地问。

"是啊，我知道啊。"我不但知道，还曾经在他家里吃过一次饭呢。

"那你赶紧来他家一趟吧，"警察说，"他现在需要你。"

"我怎么知道你真的是警察？你要是冒充警察进行违法犯罪活动的话，我马上就报警！"对方竟然想把我约出家门，真是越说越像坏人了。

"哈哈，"对方表现得很是友好，"让郝成龙自己跟你说吧。"

"肖胡图，我是郝成龙，我爸爸不在家，我出了点儿事，现在，我真的需要你来陪陪我，真的！你快来我家吧，求你了！"电话那边真的是郝成龙的声音，有些语无伦次。

"你为什么让警察打电话给我？"我急忙问。虽然听到真的是郝成龙的声音，但是，我仍然心存疑问，正想问个究竟，对方却把电话挂断了。

我想可能郝成龙真的出事了，而且，还非同小可。

关键时刻，作为朋友，我只能挺身而出。

顾不得多想了，放下电话，我赶紧跑步出门，快速打上车径直往郝成龙家里奔去。

还没到郝成龙家呢，我就在他家附近的小卖部门口见到了郝成龙。只见他满脸通红，一脸痛苦的表情，似乎还有羞惭不已的成分。

看看周围几个满脸笑容的好事者，我心里忽然闪过一个念头：他不会是偷人家小卖部的东西被逮着了吧？但转念一想这不可能，郝成龙虽然家里穷，但他从来没有这个小偷小摸的毛病，这一点，我可以保证。

可是，如果不是偷东西，那又是发生了什么事情呢？

"怎么啦你？"我小声地问郝成龙。

还没等郝成龙说话，一个四十几岁模样的女人就冲过来，对我说："他来买啤酒，我不卖给他，他就发疯了，胡乱砸我店里的东西，我拉都拉不住，旁边的邻居也吓坏了，就赶紧打了110。"

看来，这个女人就是小卖部的老板了。她好像是个急性子，还没等我发表任何见解，她又继续说道："我认识他爸爸，平时经常来我这店里买散装的白酒，但他从来不喝啤酒，他很节约的。今天，这孩子忽然要买啤酒，而且一买就买十瓶，我听说他爸爸今天不在家，我怎么敢卖给他呢？国家法律规定不能卖给未成年孩子烟酒的。"那阿姨边说边看着警察，一脸"我是良民，我负责任"的表情。

站在一边的警察伯伯点点头，说："嗯，您这是为孩子好，您做得很对。"然后又对郝成龙说："你要找的同学已经来了，就让他陪着你回家吧。至于店里被你砸坏的东西，等你爸爸回来，再赔偿人家。"他一边说，一边从老板娘手里拿过一张纸，好像是一个物品清单，叫郝成龙看看无误后签字。

"砸坏就砸坏了吧，反正也不值很多钱，就不用赔了。但是，以后可别这样了。你爸爸一个人拉扯你，挺不容易的，你该懂事一点儿啊。"老板娘表现出一副宽宏大量的样子，满脸怜惜地说。

我懂事地分别对着警察伯伯和老板娘说了声"谢谢"，然后拉着郝成龙回到他的家里。

郝成龙的家其实只是两间租来的平房。屋里设备很简单，也很简陋，只是能够维持日常生活而已。

比一比他，我真的算是幸运的了。环顾郝成龙的家，我心里顿生感慨，同时也深感自己的幸福所在。

回到家里，郝成龙一屁股就坐在那张脏兮兮的、已经露出黄色填充物的破旧沙发上，满脸落寞，一言不发。

"你为什么要买那么多啤酒呢？是你要喝吗？"我不解地问他。

郝成龙长叹一口气，说："我想借酒解愁。我看见每次我爸爸发愁的时候就喝一点酒，睡一觉，然后就不愁了。"

"哈哈……"我忍不住放声大笑。

我们这些"问题少年"，平时只是给别人制造问题，怎么会有忧愁呢？尤其是郝成龙，成天没心没肺的，哪有什么忧愁？

"我是被杨倩兮气的！"郝成龙气呼呼地说。

看我一脸惊讶，他继续说："你知道的，杨倩兮不是要转学嘛，一想到以后捞不着天天看到她了，我就感到很难过。所以，我就鼓足勇气对她说我喜欢她，希望以后还可以经常见面，这有错吗？她不喜欢我也就算了，不要我给她的礼物也情有可原——那礼物太便宜，她根本就看不上，我家情况就是这样的，她又不是不知道，那礼物花了我三十多块钱呢——但是，她不但当着我的面把礼物扔在了地上，竟然还讽刺我，说我是癞蛤蟆想吃天鹅肉。过去我们一起玩儿的时候，她怎么就忘记了我是癞蛤蟆了？"

郝成龙显然是受了刺激了，头脑清晰、语言顺畅地一口气说了这么多，要是让姬大婶听见，她一定会立刻给郝成龙贴一个"语言表达能力人有进步"的标签。

我听后立刻明白了。我知道郝成龙一直暗暗地喜欢着杨倩兮，但我没有想到，杨倩兮会这样对待一个喜欢自己的人。

不过想一想，杨倩兮的做法也符合她的性格——凡事以自我利益为中心。自从上一次敲诈王美娜事件真相大白之后，我对她的印象就一落千丈，后来基本没有什么来往。不知道她为什么要转学，可能是在这里待不下去了吧。

"算了吧。"我拍拍郝成龙的肩膀，"人家学习成绩比咱好。你要想让她喜欢你，还是先把学习成绩搞上去吧。"我故作平静地说，就仿佛我是过来人，有切身体会。

其实，这不是我的切身体会，是我曾经看到的一篇文章这样说过：让自己变得优秀，才能赢得优秀的人喜欢。

郝成龙不再说话，我第一次发现，他好像已经先我长大了。他在忍受着被自己喜欢的人所羞辱的痛苦，他在承受着自己家庭现状所带来的无奈。

我也感到很无奈。

无奈的我们，默默地坐了一会儿，我忽然想起自己在家做的作业，就说："我已经写完一部分作业了，现在，我帮你也完成吧。"

郝成龙看看我，眼含吃惊，似乎对于我的"自觉学习"持怀疑态度。但是很快他就站起身，打开又脏又旧的书包，拿出作业本。于是，我们俩以史无前例的认真态度开始了学习。

看着满脸憔悴又眉头紧锁的郝成龙，我忽然又想起一句话：要学会用一颗强悍的心，让过去过去，让未来到来。

现在，如果我们不学会用一颗强悍的心，让过去过去，让未来到来，还能有别的选择吗？

还算完美的演讲

人生，由我不由天；幸福，由心不由境。果真如此！

真没想到，一次还算完美的演讲，给我带来了无限荣光。

一天，班主任甄老师找我谈话，说学校要举行关于"爱国与读书"的演讲比赛，闻老师极力向她推荐我参加。

我很吃惊，像这种学校组织的活动，班主任一般是交给班长通知大家，根据自愿报名的情况进行选拔，然后再决定由哪位同学参加。这样不通过班里同学选拔，直接就决定让我参加，不合适吧？

班主任看出了我的疑惑，呵呵一笑，然后说："我们当然先要在班里进行选拔，选出优秀的学生，然后代表班级参加学校的比赛。闻钰老师说你很有演讲的潜质，但目前缺乏勇气，所以，我先给你打打气，你不但要认真准备，而且必须充满信心地参加班里的选拔。"

"可是，我能行吗？"我挠挠头，虽然听班主任这么说我心里很高兴，但是也很忐忑。坦率地说，我真的没有信心。

甄山梅老师说："只要你认真准备、积极参加，凭你的素质应该是很有希望的。我相信咱班的同学会看到你的变化，也会支持你的。我和闻老师都会帮助你的。"甄老师说完，然后就看着我，满眼里都是期待和信任。对，就是那种期待和信任的眼神。

我很感动，也很激动。我，肖胡图，绝对是一个重情义、敢担责任的人，老师对我如此信任，我怎么能辜负她们？绝对不能辜负她们！

于是，根据演讲比赛的要求，我先上网下载了许多参考资料，然后借鉴那些优秀的演讲稿，充分发挥自己还算雄厚的文字水平，历经三番五次的修改，终于依靠自己的力量写出了演讲稿。

我把演讲稿交给了甄老师，她仔细看了看，然后很满意地对我说："嗯，你这篇演讲稿写得不错，看来闻老师没看错人，只要你静心认真做事，真的会让我们刮目相看。"甄老师又想了想说："我不太懂演讲的事情，你拿着演讲稿去找闻老师，让她帮你看看，然后你就当她是观众，演讲一遍，让闻老师给你指导一下。"

"嗯，好的！"听到甄老师对我的演讲稿的评价，还有对我的肯定，我心花怒放。我赶紧找到闻老师，让她帮我看看稿子，然后指导一下。

闻老师看完我的演讲稿很高兴，逐字逐句地进行了修改，又让我当面给她演讲了一遍，然后，就根据我的演讲表现，从表情、动作等各个方面提出了自己的意见和建议。

最后，闻老师对我说："刚才我说的这些，仅供你参考，不需要你完全照做。

如果你能结合自己的实际情况，把我的意见内化成你自己的思想，然后以你自己熟悉的方式自然地表达出来，那是最好的。当然，对你来说，目前最重要的是充满信心，鼓足勇气。"

我点点头。我说过的，我不会辜负甄老师和闻老师对我的信任和期待，我要反复练习，争取在班里拿到第一。

终于，班会的时间到了，这是班里进行选拔的惯用时机。

不知为什么，这一次参加选拔的同学寥寥无几，尤其是班里像郑一宸这样学习成绩优秀、口才极好的同学，根本就没有报名。

轮到我演讲的时候，很多同学眼里充满惊奇，但是都报以热烈的掌声，这给了我莫大的鼓舞和勇气。

尽管无数次面对大家，但这一次绝对不同：以前是当众挨批无地自容，而现在却是堂堂正正展示才能。

虽然在家对照镜子演练了无数遍，虽然充满勇气信心满满，但是，当同学们热烈的掌声结束的一刹那，我那颗充满斗志的小心脏还是稍微紧张了一下。不过，很快，我就进入状态，开始了我的演讲：

大家好！今天，我演讲的题目是：请读书吧。

高尔基先生说："书籍是人类进步的阶梯。"读书，可以让我们增长知识，开阔视野，摆正方向。培根先生说："知识就是力量。"读书，可以让我们改正错误，充满力量，不断成长。

古人说："书中自有黄金屋，书中自有颜如玉"。读书可以让求知的人从中获知，让无知的人变得有知。读史蒂芬·霍金的《时间简史》和《果壳中的宇宙》，畅游在粒子、生命和星体的处境中，感受智慧的光泽；读罗曼·罗兰创作、傅雷先生翻译的《名人传》，让我们从伟人的生涯中汲取生存的力量和战斗的勇气，克服苦难，担当磨难。读海伦·凯勒一个个真实而感人肺腑的故事，感受遭受不济命运的人所具备的自强不息和从容豁达，从而让我们在并非一帆风顺的人生道路上越走越勇，做命运真正的主宰者。

读世界经典名著《巴黎圣母院》，让我们看到如此丑陋的卡西莫多却能够拥有善良美丽的心灵、淳朴真诚的品质、平静从容的气质和不卑不亢的风度，他的内心在时间的见证下折射出耀人的光彩，使我们在寻觅美的真谛的同时去追求心灵的高尚与纯洁。

读林语堂的《生活的艺术》以及古人流传于世的名言警句，都能使我们拥有诚实、舍弃虚伪，拥有充实、舍弃空虚，拥有踏实、舍弃浮躁，平静而坦然地度过每一个晨曦、每一个黄昏。

毋庸置疑，在这个世纪，我们的民族、我们的国家，面临着错综复杂的形势和问题。有机遇也有挑战，有辉煌的前途，也有不可避免的挫折和困难。在这样一种情况下，接受爱国主义教育，无疑是我们每一个人，特别是青少年必修的一门功课。

那么，我说：读书吧！

读书，让你知道在爬满甲骨文的钟鼎上，写着祖国童年的灵性；在布满烽火的长城上，写着祖国青春的豪放；在缀满诗歌与科学的大地上，写着祖国壮年的成熟。

读书，你会懂得，在河西走廊、华北平原，可以看到祖国的富饶与辽阔，看到祖国千里马般日夜兼程的超越；在长江三角洲、珠江三角洲，可以看到祖国的崇高与巍峨，看到祖国繁荣的霓虹灯日夜闪烁，灿若银河。

读书吧！

读书，你才能知道，在我们千百年的历史舞台上，有多少仁人志士，用他们的热血和生命，演出了怎样的可叹可咏的壮丽历史剧：班超历尽艰辛，不辱使命；魏征直言敢谏，嫉恶如仇；闻一多拍案而起，横眉冷对暗杀者的手枪；吉鸿昌高挂写有"我是中国人"标语的木牌，走在一片蓝眼睛、黄头发的洋人之中……古往今来，一曲曲悲歌，一个个惊天地泣鬼神的故事，都讲述着一个简单而朴素的信念——祖国在我心中。正是这千千万万的赤子，才撑起了我们民族的脊梁，祖国的希望；正是他们，在自己的"今天"，用满腔的热血，谱写了无愧于时代的《义勇军进行曲》，才使得我们今天的共和国国歌响彻神州，那么气势磅礴，那么雄壮嘹亮。

读书吧！

书能唤起你作为华夏儿女的民族自尊心和自信心；书能增强你作为龙的传人的自豪感和责任感。知，才能爱。通过读书，你才能了解近百年来中华民族不屈不挠的斗争历程，才会产生强烈的凝聚力和遒劲的奋发力，从而会更加热爱我们的祖国。

爱国，是一种崇高而又神圣的感情。这种感情不是谁强加给谁的。它是国歌奏响时那自发的心灵的震颤，它是国旗升起时那禁不住的泪光点点……黄河在我们的血脉中流淌，长城让我们永远刚强，"神舟"载人飞船使我们的天地无限宽广。"团结统一、爱好和平、勤劳勇敢、自强不息"，传承了五千年的民族精神，正等待我们去发扬光大，使我们的明天更加辉煌。

为了祖国的繁荣、民族的兴旺，我们会用激情点燃希望之火，用青春汗水浇灌成功之花。未来属于我们，世界属于我们，让我们刻苦学习，顽强拼搏，时刻准备着为中华民族的伟大腾飞而努力奋斗。

读书吧！"深知"才会"更爱"！爱国又何尝不是？

请读书吧！

等我演讲完毕，教室里立即响起雷鸣般的掌声。我确信，这是大家都发自内心的掌声。

我看到甄老师欣慰的表情。我看到郑一宸、郝成龙、张一峰等竖起的大拇指。我看到许多同学羡慕的目光。

意料之中，我的演讲获得了班级第一名，顺理成章获得了代表班级参加学校比赛的资格。

自己的努力没有辜负甄老师和闻老师的信任，我如释重负，同时，一想到要作为班级代表参加学校的评比，又感觉重任在肩。不过，有了这一次的经验，我也感觉自己对于学校的比赛信心满满。

我不敢掉以轻心，学校比赛之前，我又反复练习了无数遍，又让甄老师和闻老师提了提意见。等学校演讲大赛的时候，我虽然有点儿紧张，但没有像有的选手那样，出现忘词或者照本宣科的现象。

最后，评委投票选出，我获得了全校第二名。

甄老师和闻老师分别在课堂上对我进行了大肆表扬，全班同学几乎都给了我惊喜或者羡慕的目光。就连对我始终不屑一顾的姬大婶，也在语文课上动用大约一分钟的时间，对我的演讲美言了几句，并以此作为对我的极高奖赏。

原来，为明天做的最好的准备就是不要虚度今天。原来，只要你在自己的生活里够专注，别人的看法、别人的眼光就左右不了你。

遭受铺天盖地的鼓励、羡慕和表扬，我感觉自己不但已经脱离了问题少年的磁场，而且已经走在，不，已经奔跑在属于阳光少年的阳光大道上。

邂逅欧阳果果

让我没想到的是，那一次还算完美的演讲，不仅给我带来了无限荣光，也让我与幸运不期而遇。

学校很重视这一次演讲比赛，专门在学校的操场举行了全校师生都参加的隆重的颁奖仪式。

就在这一次颁奖大会上，我邂逅了她——欧阳果果。

根据学校演讲大赛的规定，前三名获得一等奖，我们要一起接受学校领导亲自为我们颁发的证书和奖品，所以就被安排坐在一起等待颁奖。

坐在我旁边的一个获得演讲第一名的女生主动和我说话，她自报名字欧阳果果，来自初一年级18班。

她长得很可爱，甜甜的笑容一直在脸上挂着，她的眼睛明亮、清澈，闪烁着智慧的亮光。她跟我说话的时候，露出整齐而洁白的牙齿。我感觉她简直就像传说中的天使。

不知道为什么，我忽然就感觉自己很喜欢这个活泼可爱的小学妹，她既不像我班里杨倩兮等自恃成绩优秀就目空一切的那些女生，也不像马小娇等那样整天一副又懒又笨、无药可救的模样。

她聪明伶俐，她温柔，她文静，她善解人意。

那天，我们抱着获奖证书和奖品，耳语了很多话题。我感觉和她交流起来很舒服，大会结束的时候，我们甚至互相留了QQ号码和手机号码。

看样子她也比较喜欢我吧，我暗暗自以为是地想。

记得雷思仁曾经传授给全班男生他追女孩的秘籍：胆大心细脸皮厚。闻老师也曾经告诉过我们，不要只交"志趣相投"的朋友，否则，你只能看到"一半"的世界。

认识欧阳果果之后，我突然觉得，我不能整天沉浸在郝成龙等待优生的世界里，也要领略一下优秀女生世界的精彩。

理所当然，自那以后，我和欧阳果果"偶遇"的机会就多了起来。在学校里，尤其是课间操的时候，我的目光经常追随着果果的身影。有时候我会及时出现在操场上，把正热情奔放地追逐她的男生一把拦住；在放学回家的路上，我宁肯晚一点儿回家而推着自行车走在果果的身旁，只为了暗地里保护她的安全，尽管她的家离着学校很近，根本就没有什么危险出现。甚至，我还以学长的身份跑到她的班里去"视察"一下，在一起参加学校举行的读书报告会等活动时，我也经常抓住时机和果果"眼神交流"。

我不知道这是不是传说中的恋爱，但是，我感觉自己很投入。我感觉自己因为果果的存在而生出无限的力量和动力。自己无论是自主学习能力还是自觉遵守纪律的能力，都比以前有很大的提高。这可能就是恋爱的魅力吧，我曾经不好意思地私下里想。管他呢，反正我现在各个方面都在朝着阳光少年的方向发展，仅此就已足够。

回想读小学的时候，班里也有谈什么恋爱的人，但都是学习成绩很差的。妈妈和老师都说过，这些人闲着无聊才用所谓的谈恋爱打发时间，像我这样成绩突出、志存高远的优秀男，是没有时间也不能谈恋爱的。那时候，我觉得谁要是谈恋爱，简直就是在用行动证明自己是差生。所以，我不屑地看着那个谈恋爱的人群，远远地躲避着。

进入初中以后，班里诸如郑一宸等在小学时属于佼佼者的同学，都曾经学习出类拔萃，都在铆足了劲儿继续名列前茅，所以，班里有个别人被传言谈恋爱，也都是些像我一样不爱学习的待优生，没几个人关注。

可是，初一下学期开始，即便是在雷思仁的高压管制之下，我仍听说班里有几个同学谈起了恋爱，而且是家庭生活幸福、学习成绩优秀的同学。这让我大跌眼镜。谈恋爱不是差生的事情吗？难道他们就不怕影响了学习？但是，看着那些恋爱者们整天很开心的样子，我也开始感到好奇，甚至有几丝羡慕了。

有一次，我跟班里的作文高手、一贯平易近人的丁自强悄悄地说起此事，对于我的疑问，他很不以为然。

他满脸神秘地对我说："你知道什么啊，现在谈个恋爱，只是能证明你有魅力，与时俱进！"那样子就好像他也谈恋爱了似的。其实，我知道他也只是一个旁观者而已。

"而且，据说，有了一个可以倾诉烦恼的异性朋友，还能摆脱作为独生子女的压抑感和孤独感呢。"他很专业很确定地说。

这让我感到更加好奇，恋爱真的有那么神奇的力量吗？如果不尝试一下，是不是我的初中人生就不完美了呢？

那时候，我的心一边遭受着雷思仁的无情折磨，抽空闲忙也开始打起了情感的小鼓。可是，放眼望去，无论学习成绩好坏，除了杨倩兮和马小娇，班里没有一个女孩主动热情地接近我。班里也没有我喜欢的女孩啊，和谁谈呢？

而现在，一次演讲比赛让我与欧阳果果相遇相识，我对她的印象是如此之好，这难道不是缘分吗？而且，我真的找到了丁自强所说的那种美妙的感觉啊。

丁自强不愧是作文高手，他的洞察力确实很强。我刚刚跟欧阳果果交往了三个星期，他就不怀好意地发现了这件事。

"谈恋爱了呀！祝贺祝贺！请客请客！"有一次体育课，我只是朝着同时也在上体育课的欧阳果果的班级张望了几次，他就搂着我的脖子一语道破天机。

"哪位？在哪里？领过来参观一下吧！"长着顺风耳的其他同学也随声附和，抱团起哄是他们一贯的作风。

"瞎说什么呢？瞎说什么呢！"我赶紧制止这群好事者。

因为我心里非常清楚：大家的起哄可能会惹火体育老师姬大叔，姬大叔一发火就会去告诉班主任甄老师，一旦甄老师追查起此事，我的小秘密就不再是小秘密了。

本以为这件事就这样搪塞过去了，但是，热心人丁自强并没有罢休。又一节课间操的时候，他竟然又神神秘秘地问我："哎，表白了吗？"

"什么表白？表白什么？"我不解他的葫芦里装的什么药。

"喜欢人家就去表白啊，你没发现那些电视剧里的男主角，都是勇敢去爱、大胆表白，这样才显得有男子汉气概。"丁自强一副言情高手、无师自通的模样。

"去去去去！"我不理他的一番好意。我可不敢轻易采取行动，我根本就不知道何时表白合适，我更不清楚自己要表白什么。能经常和欧阳果果见个面、说几句话，我就很满足了。

可是，我正心满意足着呢，意想不到的事情就发生了。

一天，甄老师找我谈话。自从演讲比赛获奖以后，我就尽力严格要求自己了，认真听讲、按时完成作业、积极回答问题，违反校规校纪的事情几乎没有发生过。所以，来到甄老师的办公室的时候，我非常坦然。

"听说你谈恋爱了？"性格直爽的甄老师直奔主题。

"没有，我没有！"我顿时感觉自己很慌乱，但是，嘴里却不由自主地进行狡辩。

"哈哈，"看我很窘迫的样子，甄老师竟然大笑，说："开个玩笑！不过，就是真的恋爱了，只要不深陷其中，也不是什么很大的坏事情。你们这个年龄的孩子，对异性同学仅仅是心存好感而已，哪里知道什么是恋爱，什么是爱情！"甄老师莫名其妙地长篇大论一番，我尴尬地听着，不知该说什么才好。

"看看，这是你送欧阳果果的？"甄老师并不让我发表言论，而是拿出一个日记本给我看。

那确实是我送给果果的日记本，但是怎么会在甄老师的手里？

甄老师看我点点头，平静地说："这是果果的班主任李老师交给我的，说是果果的妈妈交给他的。果果的妈妈发现了这个本子，也发现了本子里你的照片，然后就通过果果的同学进行了调查。再然后，就找了李老师，李老师找了我，让我建议你暂时不要再和果果频繁联系了。"

听了甄老师的话，我马上就后悔自己不该一时冲动，在送给果果日记本的时候，把自己的照片也放了进去，而且还在照片的背后写着：我愿和你一起追风到天涯……果果的妈妈一定是根据我的照片进行了调查，而且，通过调查，一定是发现了我曾经贴着"问题少年"的标签，所以才……

"其实，我认识果果，她确实是一个很优秀的女孩。但是，要让这么优秀的女孩喜欢你，你就得让自己变得更加优秀。即使不是'更加'，最起码也得像她那样优秀，你说是吧？"甄老师无视我的无地自容或者面红耳赤，自顾自侃侃而谈。

我点点头，甄老师说得很对，这话我也曾经对郝成龙说过。是因为我的"不优秀"，没有通过果果妈妈的"审查"；如果我也是像果果那样各个方面都很优秀的学生，她的妈妈也许就不会采取这样的处理方式了吧。

我曾经贴着"问题少年"的标签，这是谁也无法改变的事实。可能在很多人的眼里，现在的我，并没有与"问题少年"彻底脱离。

你只能用自己的实际行动，用加倍努力来证明你的改变，从而来改变别人对你的看法。我心里对自己说。

"先不要频繁地找果果了吧，对你来说，当务之急是彻底改掉不好的习惯，专心致志把学习成绩提高上去，自己变成优秀少年了，相信大家都会喜欢你！"甄老师看我默默无语，一脸茫然和落寞，对我说。

我点点头，无法用语言表达我的心情。

在甄老师的示意下，我离开了办公室。

我是个有自尊的人，我也理解欧阳果果妈妈的做法。古人说过：近朱者赤，近墨者黑。自己的孩子和"问题少年"交往，哪个妈妈不担心呢？

既然果果的妈妈这样做了，我就不能再给果果增添烦恼，也不能给甄老师惹麻烦。我暗暗下定决心，一定加倍努力，通过我的表现和学习成绩，来改变果果妈妈对我的看法。

我没有再找欧阳果果，更没有问她为什么她妈妈会这样做。她是一个善良的女孩，我相信她绝对不是故意要这样的，既然如此，我就不能再打扰她。

可能果果也接受了妈妈和自己班主任的轮番轰炸，我没再时常出现在她的视线内，她也没有主动来找过我。

有人说，时间是治愈创伤的良药，但需要淡然的心态做引子。虽然，这件事情过了很长时间，但也没让我彻底释怀。偶然从网上看到这样一句话：把自己当成大树，便时时有被狂风刮倒的忧愁；把自己当作棵幼苗，便时时会享受阳光雨露。青涩，便成长；熟透，便腐烂！

我恍然大悟，我知道，我必须以淡然的心态来看待果果妈妈这件事情。我还只是一棵幼苗，我不着急长大。而且，就我的实际情况来看，目前，在恋爱的舞台上，我真的还只是一个捧场的人。

神奇的考前辅导

经历了大喜大悲的日子之后，我蓦然发现，仿佛转眼之间，期中考试就要来到了。

我发现多数老师神色紧张起来了。

听丁自强说，学校要依据这一次考试成绩对班级进行排队，还要对老师的工作进行量化。用姬大婶的话说就是：总而言之一句话，学校要根据学生考试成绩对老师进行评价。

同学们也都紧张兮兮起来。因为，毫无疑问，学校不但要根据这一次期中考试成绩在班级内进行排队，进行阶段性表彰，更要命的是，期中考试以后，还要开家长会。家长们要一起聆听老师对自己孩子的分析评说。在家长会上，如果孩子考得很好，他的家长就满脸红光；如果孩子考得一塌糊涂，他的家长就满脸怒气，或者黯然神伤。

回想当年，我在小学的时候，妈妈开家长会虽然不是始终满面红光，但起码从来没有黯然神伤过，从来没有。

可是，进入初中以后，在家里因为爸爸而黯然神伤的妈妈，还要到学校里接受因为我的不努力而给她带来的黯然神伤。是不是很悲惨？有时候，我觉得自己的玩世不恭、不努力学习的态度和行为挺对不住妈妈的。

可是，一想起自己的家庭状况，我也不由自主地黯然神伤，而且经常如此。

当黯然神伤成为习惯，我就不知道红光满面的滋味了。

但是，现在，我已经开始了崭新的生活，我不能再让自己长时间地消沉。我要奋起，我要努力，争取让妈妈再来开家长会的时候满面红光，当然，更重要的是，也让果果的妈妈对我刮目相看。

所以，看到老师和同学们都在努力，我不再不屑一顾，不再灰心丧气，而是专心听讲，认真落实基础知识。

只是，偶尔感觉自己因为力不从心而有点儿着急。

不过，有时候，我的着急可能只是暂时而已。看到郝成龙、张一峰他们几个仍然无所事事，我心里就告诫自己，禀性难移、禀性难移，坚决不能再像他们那样，在天马行空的遐想里让时光流逝，于是又增添了不少信心和底气。

无论你是否抗拒，期中考试都如约而至。

考试前的那个下午，按惯例应该是班主任甄山梅讲一讲考试的注意事项，同学们清空课桌桌洞，排好桌子，然后放学回家。

可是，这一次却没有按照惯例进行。班主任讲了讲注意事项之后，姬大婶就匆匆地迈进教室里，说要进行考前辅导。

甄山梅离开教室，姬大婶跳上讲台，一如既往机关枪一样开了腔。全班同学在姬大婶的带领下，先是分析了一篇课文，熟悉了记叙文的写法，然后又背诵了几篇诗词和几段课文，等等。

这一节课进行得特别快，我也听得格外认真。其实，在小学时，我的语文水平还是比较高的，我的作文也曾经发表在当地的作文报上。进入初中以后，是我自己不喜欢姬大婶、不爱学习语文了，所以也就自觉地脱离了语文学科优秀学生的队伍。

姬大婶辅导完，满脸欣慰地准备离开。

"今天晚上，睡觉之前，一定再把刚才这些内容好好复习复习哈！"她做最后的叮嘱，然后心满意足地离开了教室，并留给大家一个意味深长的背影。

班主任甄老师又迈进教室，布置打扫卫生等事宜。

下午，就这样充实而匆忙地结束。

晚上，我自觉地早早上床休息。妈妈并不知道明天我要考试，当然也没有什么特别的叮嘱。自从接二连三地接下许多设计任务以后，妈妈几乎就成了工作狂，家里也成了她的另一个办公室。

说实话，自从演讲获大奖以后，我轻易不再去打扰妈妈。我知道，妈妈只有依靠自己的努力工作，才能挣钱养活姥姥和我，也才能实现自己的价值。所以，我自己要努力，也不能打扰妈妈的积极进取。

期中考试的第一场就是考语文。

发下试卷的一刹那，我心里顿时就乐开了花。我第一眼就瞅见：50分的作文题目就是昨天下午姬大婶给我们讲解的那个题目。不仅如此，我还惊喜地发现：

阅读分析、背诵课文等大部分都是昨天辅导过的内容。

太好了，我忽然庆幸起来。前些日子的精心准备和认真复习，加上昨天下午的聚精会神，竟然会有这么意想不到的收获。

我满心欢喜，忽然觉得对这样的考试应该乐此不疲。因为心情大好，所以文思泉涌，规定时间还没结束，我的作文就洋洋洒洒顺利完成。试卷上的其他问题，也都被我一一顺利拿下。

因为有这样的一个考试的开始，后面的几个学科试卷上的每一道题，我也似乎不愿意轻易放弃。每一场都坚持用心思考，认真做完。

考试全部结束，我心里感到从未有过的轻松。凭直觉，我这一次应该考得不错。虽然以前我把自己归于不自觉学习的学生行列，但是，我发现，我不走神时听到的内容会记得很牢固，这足以说明我不是那种智商偏低、再怎么努力也一窍不通的人。

其实，以前的我之所以不努力也没有像郝成龙那样在班里垫底，就是凭借我的小聪明和偶尔认真听讲。

果然不出所料。成绩总评出来以后，与以前相比，我有了较大的进步。尤其是语文成绩，甚至跑到了班级前五名。

姬大婶狠狠地表扬了我。班主任甄老师也特意当着全班同学的面表扬了我的进步，还宣布听从姬大婶的建议，让我和郑一宸一起担任语文课代表。

这更是让我心花怒放。

付出就有收获，这话真的没错。我相信，自己的成绩虽然还不能让妈妈在开家长会的时候满面红光，但也绝对不至于再黯然神伤。

我甚至想：如果，欧阳果果的妈妈知道了我的变化，会对我刮目相看吗？

我忽然发现，自己从来没有像现在这样，想使出浑身解数把自己的优点证明给大家看。

良好的开端等于成功的一半。我认真听讲、自觉完成作业才刚坚持了一小段时间，就取得了这样意外的好成绩，如果各个方面都严格要求自己，那得进步多大啊！我可能真的如甄老师所言，有无法估量的进步空间吧。

不过，也许是禀性难移。张一峰说我进步如此之大，应该好好地犒劳一下。我马上就感到盛情难却，决定狠狠地奖赏一下自己。

我偷偷地下载了游戏软件，准备抽空和张一峰他们好好疯玩一番。

只是，妈妈下班以后也要在家里继续工作，我根本就不能用电脑玩游戏。

接下来的日子里，我就像一个气球，被人一吹就飘飘然。

忘乎所以的我，又开始因为不能随心所欲玩游戏而有点儿着急。

张一峰也挨了打

不过，当你不再挖空心思找机会的时候，机会反而会不请自来。

周五放学后，张一峰悄悄地对我说他家里刚刚买了新的电脑，约我到他家去玩游戏。

我知道，他妈妈自从学会了上网聊天以后，就成了不折不扣的网虫。为了上网玩，她辞掉了工作不说，还天天上网战斗到深夜。又因为熬夜的缘故，她白天睡觉，所以，从来不及时给张一峰做饭吃。张一峰虽然家有老妈，但从来没有享受过有老妈的温暖和快乐。想想他，真的感觉挺可怜的。

对于张一峰的邀请，我欣然应允。于是，周六，我按照约定来到张一峰的家。张一峰偷偷地给我开了门，示意我不要出声。

我懂得，他那网虫妈妈一定在睡大觉。

我俩蹑手蹑脚地来到电脑前，分别努力压抑着各自狂跳的小心脏，开始玩期待已久的游戏。

反正期中考试已经结束，我玩一玩、放松一下、奖赏自己应该没有问题。我不但这样安慰自己，而且，玩着玩着，我俩都兴致大发，时不时忍不住开心地大声喊叫。

乐极生悲！我们的大笑终于把张一峰的妈妈惊醒了。她猛地踹开门，把正在专心致志玩游戏的我俩都吓了一跳。

与张一峰的妈妈对视的一刹那，我忽然就想起曾经看到的一句话：女人分两种，一种是天生丽质，一种是天生励志。

我马上就觉得张一峰的妈妈应该属于天生励志的那一种。她的眉毛高高地弯在也就二指宽的额头上，像两条瘦瘦的蚯蚓；她的眼睛挂在黑黑的眼袋里，纹着蓝色的眼线；她的嘴巴是鲜红鲜红的，包裹在两条黑紫色的唇线里。这样的器官组合在因为恼怒而变形的脸上，真的是让人过目难忘。

怪不得张一峰的爸爸不愿意回家呢。我竟然闪出这样毫无正义感的念头。

张一峰的妈妈丝毫不顾及我错愕的表情，她一脚就把电脑的开关关掉，然后破口大骂。

这是历史上我听到的最污染耳朵的污言秽语。没有铺垫，没有逻辑，也没有音调，只是以一个高分贝的频率在咆哮：张一峰的爸爸狼心狗肺啦，张一峰遗传他爸爸的基因啦，张一峰考试成绩丢人现眼啦，张一峰父子不会照顾她啦，等等，等等。

自己的妈妈呈现出这样的素质，张一峰大概感觉在同学面前有失尊严。他竟然也跳了起来，大声吼道："玩电脑怎么啦？你不是天天玩吗？你玩电脑是为了聊天，我上网还要查资料呢！"

"我聊天怎么啦？唵，有你姥姥挣钱给我花，我什么都不怕。你呢，唵？你爸爸挣的钱都拿去和别的女人花了，谁养你啊，唵？你不好好学习，净知道玩游戏……"看到儿子胆敢反抗，张一峰的妈妈竟然气得张大嘴巴喘粗气。

"我养我自己，行了吧？你养过我吗？我玩游戏咋啦？还不是跟着你学的？上梁不正下梁歪！"张一峰表现出一副愤怒的样子。

张一峰的妈妈不再说话，脱下拖鞋，一下子就朝张一峰的脸拍去。

张一峰猝不及防，被拖鞋狠狠地拍在了右脸上。他的脸一下子就红了，站在一边正不知所措的我也被眼前的景象惊呆了。

对张一峰来说，有一个这样的妈妈，好可怕！

张一峰的妈妈还不解气，使劲儿把拖鞋扔在地上，赤着脚气呼呼地离开了房间。

"都是我不好，我笑的声音太大了！"我轻轻地拍拍张一峰的肩膀，不知道怎么安慰他才好。

张一峰默默地趴在电脑桌上，委屈地流下泪来。

张一峰，生活在这样的家庭真的好可怜啊！我是第一次看见自己的同学被家长打骂。比一比他，我真的算是幸运的。无论我出现什么情况，妈妈从来没有打骂过我。

从张一峰家出来，我感到非常沮丧。本来只是想玩玩游戏，放松一下前些日子因为考试而备感紧张的心情，也犒劳犒劳自己。可是，因为张一峰妈妈如此激烈的反应，反而弄得张一峰很难过，我的心情也很郁闷。

　　我觉得自己很对不起张一峰。我也深深地感悟一句话的道理：家长的观念是

孩子人生的起跑线！

　　既然，我们的今天是由过去决定的，那么，我们的明天应该由今天决定吧！

看来，以后的生活中，这样的游戏，不玩也罢。

我做事我负责

　　冬天说到就到。仿佛昨天才刚刚穿上了秋衣，忽然一场秋雨之后，满眼里到处都是落叶，寒风瑟瑟，弄得人心也不由自主地哆哆嗦嗦。这其中就有我。

　　我怀揣一颗哆哆嗦嗦的心，百无聊赖地往学校走着。

　　昨天晚上，无意中听到妈妈与北京的叔叔通电话时传来爸爸的"好消息"，我的情绪瞬间跌落到谷底。

　　爸爸又要结婚了，准新娘是一个理发店的年轻理发师。

　　尽管我知道，因为我的实诚，让妈妈看到了爸爸手机里的那条短信而让他俩的关系彻底崩溃。但是，其实我一直心存希望，心存幻想，有一天爸爸会回来找妈妈并请妈妈原谅，妈妈也会原谅爸爸。那样，我就又可以拥有一个完整的家了。

　　可是，现在，爸爸竟然又要结婚了，而且，我的准后妈是一位理发的。我从来没有想过，爸爸和妈妈离婚后，会和一个理发师结婚。——我当然不是歧视理发师，相反地，我认为理发师是艺术的创造者，但我觉得爸爸和理发师根本就是两类不同的人。

看来，爸爸已经找不到坚持单身下去的理由了，他已经找到了一个重新开始的理由，他将要开始新的生活。

看来，爸爸现在需要的，不是温柔文雅有思想有文化的妈妈，他需要的是年轻漂亮有激情有热情又能仰视他的人吧。

唉，为什么会是这样的呢？

虽然我百思不得其解，但是，我清楚地知道：如果事情无法改变，那就改变自己；如果无法说服他人，那就想法说服自己。我无法改变爸爸，那我就努力接受爸爸要结婚的现实，和妈妈相依为命吧。

一边走一边胡思乱想着，我忽然发现一辆八成新的电动车在路边躺着。

车可能是被风刮倒的。我毫不犹豫地走向前，扶起电动车，四下张望，却没发现貌似电动车主人的人。

那就继续放在这里好了，我想。正要继续往前走呢，那电动车忽然就又倒了下去，后视镜先着地，摔破了。

怎么办呢？尽管我是好心扶起电动车，但是，它是在我扶起之后又倒下的，摔破了后视镜应该是我的责任啊。

怎么办呢？我更加沮丧。但是，我想起思想品德课上学过的一课：要对自己的行为负责。我当然会对自己的行为负责。

记得初一下学期，有一位姓郁的外地老师曾经在我班讲观摩课，学习的是《分辨是非善恶　对自己行为负责》，郁老师曾经用大屏幕给我们出示了一个这样的案例：

根据《新京报》2012年11月06日报道：近日，扬州大学附属中学17岁的学生徐砺寒在放学路上无意撞坏一辆宝马车的后视镜，车主不在，他没有溜走，而是选择在原地等待车主，因赶着上课，只好留下"联系纸条"欲赔偿。

然后，郁老师出示问题让我们讨论：如果你骑车的时候不小心撞坏了别人的车，而车主不在，你会怎样做？

按照惯例，大家先在小组内展开了热烈的讨论。

我组有一同学说："别无选择，马上溜之大吉，反正车主没看见。"大家都投以鄙视的目光。

又一同学说："我会看看车主停车的位置，如果车主停车违反了规定，那他也就别怪我撞到他的车了。"大家面面相觑，若有所思，虽然觉得这种想法肯定不正确，但也感觉不无道理。

大家热烈讨论了大约五六分钟，郁老师示意大家安静下来，问："经过刚才的讨论，大家应该都有了自己的选择。哪位同学谈一谈你的观点？"

大家竟然都没有举手的。也许是陌生老师上课的缘故，或者是这个问题比较敏感，大家不敢实话实说，又不敢当众标榜自己。

这时候，我正好和郁老师碰了一下眼神，他就说："这位同学，你说说，假如撞坏人家车的是你，你会怎样做？"

我站起来，毫不犹豫地说："我会像徐砺寒那样，选择等待车主，如果我等不到车主，我也会留下一张纸条，写上我家的联系方式，等车主主动找我，然后再商谈赔偿事宜。"

大部分同学热烈鼓掌，少数同学不屑一顾，一副并不相信我会这样做的样子。我并不理会这些少数同学的不良反应。虽然我平时一副目空一切、看破红尘的表情，但在这样的是非面前，我一定会对自己的行为负责。

"嗯，这位同学的做法值得肯定。但是，"郁老师停顿了一下，据我观察，他在这样的时候停顿，不是故意卖关子，而是要强调或者重点提示什么，"等待车主，这是一种'风险'很大的选择。如果车主看到爱车被损坏而大发雷霆，有可能会对你动手。再就是，你的家长必须掏钱为你的过错埋单，那他们也可能会对你心有怨气，影响你们亲子关系的和谐，这也是不得不思考的。你说呢？"

听郁老师这么一说，我看见有的同学不由自主地点头。看来，他们的确也这么想过。

我说："自己做错了事，就应该自己负责。虽然不是故意的，但是自己撞坏了人家的车，的确是犯错了，就应该向人家车主认错，请求人家的谅解。我觉得这也是公民最基本的道德。"我觉得自己那么理直气壮地侃侃而谈，就仿佛自己作为一名律师站在法庭上，为正义而辩。

郁老师带头热烈鼓掌。听课的老师们也不由自主地鼓掌。

郁老师说："这位同学说得真好！承担责任，学会道歉，得到原谅，每个人都应该习以为常。如果你们这一代人都能这样，那我们的社会就会充满希望！我相信这位同学会像自己所说的那样，做一个对自己行为负责的人。也相信大家通过这一课的学习，辨别是非的能力有所提高，责任意识有所增强，我相信你们！"

那堂课给我留下了很深的印象，不光是我得到了郁老师三番五次的表扬，更重要的是，我进一步确认：虽然我学习上没有积极要求上进，但我的思想没有任何问题，我甚至还具备一个道德高尚的人的潜质。

所以，现在，当类似的事情真的发生在了我的身上，虽然不是我撞的车，我只是好心帮扶了一下，可能会惹祸上身，但是，我义无反顾地决定，就像徐砺寒那样，等待车主的出现。

可是，我左等右等，路人都缩着脖子行色匆匆，一副"别人都有病"的表情。没有人留意我的存在，更没有人注意我在焦急地等待。

车主，也一直没有出现。

眼看上课的时间就要到了，我别无他法，只好写了一张纸条，留下了妈妈的电话号码，压在电动车的车筐里，然后快速往学校奔跑。

虽然我已经以百米冲刺的速度往学校飞奔了，但是，我还是迟到了。甄老师没有问我为什么迟到，只是示意我赶紧坐到自己的位子上，立即进入学习状态。我也没有再说什么，真的就马上进入学习的状态，似乎早上的撞车事件已经完全处理好了。

晚上，回到家里，妈妈等我吃完饭后，表情严肃地问我："你今天撞到人家电动车了吗？"

"没有啊，噢，也算是吧。"然后我就把事情的经过详细地告诉了妈妈。

"原来是这样啊。"妈妈依然一脸严肃。

"怎么啦？妈妈？我会对自己的行为负责的，我赔给人家。对不起，妈妈，你扣我的零花钱吧。"我似乎急于表明什么。

"问题是，人家给我打电话，要我赔她两千元呢。"妈妈说。

　　"怎么会这样呢？一个后视镜就值两千元，那得是什么级别的电动车啊。"我急了。看来，方向不对，努力白费！我的好心我的负责任，换来的却是明目张胆的讹诈。

　　那可怎么办呢？不能就这样白白地被人冤枉啊，我心里忽然就产生一丝失望，我想对自己的过错负责，却遇到这样的狮子大开口的家伙，我应该怎么负责呢？

　　"你还记得自己在纸条上写了一些什么吗？"妈妈见我低头不语，就打破僵局，问我。

　　"当然记得，"我说，"我写的是：我发现您的电动车倒在地上，就扶了起来，但是，它却又倒下去了，摔破了左边的后视镜，我会赔偿您的。然后写上了你的电话号码。"

　　"那就好。"妈妈听完我的诉说，十分肯定地说。我非常感激妈妈对我的信任。此时此刻，我感觉信任对我来说是多么的重要。

　　这时候，又有电话打过来找妈妈。我听见妈妈十分平静但不容丝毫反驳地说："我孩子说了，只是碰坏了你的后视镜，我一定会赔偿你的。但是，你车的其他地方与我们无关，你也就不要无理取闹了。"

　　可是，对方似乎并不罢休，不依不饶，讨价还价，不挂电话。

　　最后，妈妈很不客气地说："如果你有证据证明，其他地方也是我孩子碰坏的，我就赔偿你。但是，如果没有证据，你胡搅蛮缠是没有用的。我就是信任我的孩子不会撒谎，你要去学校告发，我们不怕。但如果你影响了我孩子的声誉，我也就对你不客气了。"

　　妈妈说完就挂断了电话，然后示意我去写作业。我乖乖地回到房间，开始写作业。不知道为什么，我心里竟然非常平静。大概，这就是"没做亏心事，不怕鬼叫门"的感觉吧。

我以为这件事情一定会马上爆发一场恶战。可是，连续几天，学校里没有任何动静，班主任甄老师也没有找我谈话。

我不知道那位电动车主到底是怎么啦，心里时而忐忑，时而坦然。

忽然有一天，妈妈对我说："那电动车的事解决了。"

我一听就着急了，"妈妈，快告诉我，怎么解决的？人家不是要我们赔偿两千元吗？你不会真赔了吧？"

"这件事情真的应该感谢你的班主任甄老师。"妈妈说。然后，妈妈就把事情的来龙去脉一一告诉了我。

原来，那人打电话给妈妈索要两千元没有得逞后，就到学校找了甄老师。甄老师叫着妈妈，和那车主一起找到存放电动车附近超市的经理，说明情况后一起查看了视频，超市门前安装了监控，有视频可查。

视频显示：先是一个骑自行车的中年女人撞倒了电动车，她没有扶起，而是快速离开。然后是我出现了，我扶起后，电动车又倒下了。我又扶起，我等待，我写纸条，然后离开。而就在我走后，又有一个中年男人骑着摩托车碰倒了那电动车，电动车再次倒下去，摔坏了其他地方。但是，那人看了看我写的纸条，就迅速离开了。

事实胜于雄辩，那人看过视频，很不好意思，连连向妈妈道歉，还让甄老师好好表扬表扬我。

其实，我想可能那电动车的车脚也不稳当了，否则不会那样轻易就被人碰倒。

或者，那车主根本就明明知道自己的电动车已经出现故障，只是想用这样的恶劣方式讹人而已。

聪明是一种天赋，而善良是一种选择，善良的人才会更好地对自己的行为负责。这是很早的时候妈妈就告诉我的。

现在，我终于明白了。

失踪的牙线

我忽然发现，自己很喜欢陪着妈妈去超市购物。

以前，我一直认为超市商场等地方是女人的天堂，逛商场逛超市只是女生们的爱好。我觉得她们在超市里或者商场里，东瞅瞅，西看看，然后买一大堆计划里根本就没有的东西，真的是浪费时间。

可是，有一次，偶然看到妈妈从超市里出来的一刹那，让我感到非常震撼，也夹杂着深深的羞惭和不安。

因为冬天活动较少，妈妈允许我在周六的下午自由活动，我就和同学相约打篮球比赛。

等我在篮球场上淋漓尽致地驰骋一番，已是满身臭汗。大家都累了，决定解散，各自回家换衣服。

走到小区门口，我看见，我的妈妈，一只手提一个很大很满的购物袋，一只手提着一大桶花生油，脖子上挂着自己背包，拖着娇小的身躯，艰难地在寒风中踯躅前行。

我呆了！

我只知道，每到周六，无论妈妈怎么忙碌，她会给我做很多好吃的菜；我只知道，每到周六，无论妈妈如何疲惫，她都会去超市采购，储备我俩下一周的食材；我只知道，每天回家，我都能享受到各种各样新鲜的水果……

可是，我从来就没有想到，妈妈为了我营养全面，又为了节约时间，一直是这样从超市走回家的。

那么瘦弱的她，是如何背负着这些东西爬上五楼的呢？

她离婚了，没有男人陪她购物、帮她提东西。我身高已经一米七六了，我身强力壮。可是，她有我这样的儿子管什么用呢？

我当时心里的感觉真的是又心疼又羞愧，夹杂着对爸爸的怨恨和无奈，五味杂陈。我快步跑上前，接住了妈妈手中的购物袋，又强行夺过了那桶油。真的很沉！

我一句话没说，陪着已经气喘吁吁的妈妈往家走。

从那以后，陪妈妈去超市，几乎成了我的习惯。

"妈，今天需要去超市吗？"每到周六我都会这样问妈妈。只要妈妈说需要，我就陪着妈妈去购物，然后提着东西回家。

购物次数多了，我也会发现一些奇怪的事情。有好几次，我们买的一些小物件，明明购物单上已经显示付款了，可是回到家里，却怎么也找不到。

因为忙碌，妈妈也没有在意。她觉得可能是我们往家拿的时候，在某一个环节弄丢了。

又一次，我和妈妈一起去超市，我特别记得要给妈妈买牙线。

妈妈的牙齿不太好，开始有空隙，吃东西经常塞牙，而我发现家里一根牙线也没有了。买牙线，是我最主要的任务。

来到超市，我和妈妈分头行动。妈妈在一楼买吃的，我直接来到二楼，找牙线。找来找去才发现，我家一直用的那种牙线，仅剩一盒了。我感到很幸运，幸亏我腿脚灵活跑得快，要是晚来几步，说不定就让别人"抢去"了。

我和妈妈买了很多东西，又花了很长时间排队交钱，然后，我俩径直回家。

回到家里，妈妈马上开始做饭，我就赶紧打开购物袋，收拾归置买到的东西。

可是，我把东西收拾完，却没有发现那盒牙线。我又把东西全部翻了个遍，依然没有找到那盒牙线。

奇怪！我明明把牙线放在购物车里的，交钱的时候，也是我把牙线放在收款台上的。我看看购物发票，发票显示牙线已经付款了。

那是怎么回事？我们自己带的环保购物袋严严实实的，不可能掉在路上啊。我又一次回忆所有经过。

我忽然回想起来一个细节，那收银员点货的时候，我明明听到一个东西掉在地上的声音。当时，她还抬头看看妈妈，而那时候妈妈正在打电话。

看到收银员那样的表情，我当时还觉得很奇怪，现在想来很是可疑。

妈妈听了我的描述，又拿过发票，看了看，然后叹口气，说："走，咱俩再去趟超市，弄个水落石出。"

我们来到超市，先去找收银员，那个位置已经换人了。我又去服务台，问服务员："请问，有收银员捡到一盒牙线吗？"如果收银员发现有交过钱的商品错留在柜台，一般会自觉交到总服务台吧，我想。

"没有。"超市总服务台的服务人员一副爱搭不理的模样，好像我们欠了她十万块钱，态度很不友好。

"哪一个是你们的主管？"看服务台的人员态度那样，妈妈也一脸凝重。我知道，一向宽容待人的妈妈，这次也开始较真了。

根据另一服务员的指点，妈妈找到了主管，简单地说明了情况，然后说："麻烦你看看监控，帮我们寻找一下那盒牙线的去向。"

那女主管态度倒是很好，满面笑容让我们稍等，然后就拿着发票，径直去了监控室。

我和妈妈等了很长很长时间，那主管才从监控室里出来，她也是一脸凝重。

"很抱歉，"她说，"我仔细看了监控，但是只看见收银员点货收钱的手。而且有一段还不清楚。你们的那盒牙线，可能是其他顾客顺走了吧。"

那女主管又对妈妈说了很多可能的结果。

妈妈静静地听完，然后说："我知道会是这个结果，超市总服务台那里没有那盒牙线，我就知道不可能找到它的去向了。但是，我今天之所以要你看看监控，就是想提醒你们一下，注意一些事情，因为这样的事情已经不是一次两次了。"

那女主管说："我自己花钱给你买一盒牙线吧。"

"哈哈，我怎么可能让你那样做。"妈妈说，"我只是想给你们一个小小的提醒，对有的人习惯顺手牵羊的事情，不能姑息。仅此而已。"说完，我们就走了。

很早就看过电视报道：有超市收银员趁机偷拿顾客东西。这一次不知道是不是如此，但有了这个被顾客发现找上门来的教训，有那个习惯的收银员们起码就不敢再顺手牵羊了吧。

甄老师制造的教学事故

2014年的寒假，妈妈履行承诺，带着我去了北京。我俩看了清华和北大，游览了故宫和长城。我的感觉非同一般。我开始确信：一个人眼界开阔，胸怀宽广，才能志存高远并勇往直前。

过年的时候，听说爸爸带着自己的新婚妻子去了三亚。刚听到这个消息的时候，我竟然在心里对自己说：追腥逐臭之人，关于他，不提也罢。过后又觉得不能这样评价自己的爸爸。但是，我已经确定，自己在心里已经慢慢地远离他。

无论怎样，新的一年总是充满希望的。

我和妈妈陪着姥姥回了老家。老家很安静，感觉很安宁。我感觉自己比以往任何时候都清醒，不但自觉复习了学过的知识，而且自主预习了新的教材内容。就这样，脚步匆匆，很快就听到开学的钟声。

姥姥常说，开门七件事：柴米油盐酱醋茶。我说开学两件事：各种评比和上级视察。我的寒假实践活动、小课题研究报告等，都被班里评为一等奖，我感到无比高兴。学校老师们按部就班地积极迎接了上级的视察，学校管理一直规范有序，应该没有人胆敢捅什么娄子，视察的结果一定是优秀，我就是这样想的。

2014年3月8号，马来西亚民航飞机失联事件意外发生。这件事情让我感到无比震惊，也一直纠缠着我的神经。那么多人，瞬间失踪，那么多国家，竭尽全力搜寻，却毫无结果，一无所获。239人，是死是活，不得而知。我亲身感受到了世事无常和生命的脆弱。

生命从一开始就在倒计时，不要让无谓的琐事耗费有限的生命燃料。珍惜目前的一切，从现在开始。针对这个事件，甄老师和闻老师都反复对我们这样说。

那段日子里，我看大家的心情有所触动，就连对学习毫无兴趣的郝成龙和张一峰，也开始集中精力大声背诵课文了，这样的状态一直持续到阶段检测。

阶段检测结束后，我的成绩还算不错。虽然我没有表现出万分高兴，但心里也是美滋滋的。毕竟，自己这段时间的静心学习，获得了肯定。这个肯定虽然还没达到我的预期目标，但是，我觉得也是值得好好鼓励的。甄老师多次告诉过我们：认真听讲的孩子偶尔成绩好，认真自学的孩子永远成绩好。我要坚持认真自学。

上自习课的时候，甄老师把我叫到办公室，说自己要参加学校的会议，让我把阶段检测成绩输入电脑。

我很乐意。我觉得这不仅仅是帮助老师干力所能及的事情，这也充分说明了甄老师对我的信任。

不知道谁说过：一盏灯笼，以希望为烛，点亮的是心灵；以信任为罩，保护的是真情。的确，信任在我心里重千斤。因为我深有体会，一个缺少信任的家，不可能充满温暖。两个人之间缺乏信任，不可能走得久远。老师如此信任我，足以说明她对我是多么看中。

我很珍惜老师给我的机会，所以非常认真地把同学们的各科等级一一输入电脑。我不但眼疾手快，而且眼手配合默契，所以很快就把活干完了。

我要等着甄老师回来，才能离开办公室。我不想让其他胆大包天的人有机会改变我输入电脑的正确的等级。因为以前，就有同学偷着把自己的等级由"C"改为"A"的行为。

可能学校的会议时间比较长，甄老师一直没有回来。我感觉百无聊赖，就顺手打开名叫"教育教学反思"的文件夹，我以为是甄老师下载的一些她经常或者曾经推荐给我们阅读的特色故事，所以就打开一篇看了起来。

反思一：

今天，主任找我谈话，说我在上课时间里把学生撵出了课堂，正好被来校采访的记者和家长看见，给学校造成了很坏的影响。我没有辩解，虽然这并非当时的真实情况。但是，上课的时候，我确实是说过让郝成龙到操场这样的话，虽然本意不是撵他离开课堂，但我的行为确实给学校造成了不良影响。下不为例，谨记。

我看到郝成龙三个字，瞬间就恍然大悟。其实，当时真实的情况是这样的：

上英语课的时候，郝成龙不知哪来的胆量，或者在跟同桌较什么劲儿，在那小声说话，被甄老师看见了。

甄老师当众提醒了他，可他还是继续说话。甄老师就问他问题，他当然是一问三不知。然后，甄老师就把他就叫到讲台上站着。

而郝成龙那天就像吃错了药，被老师叫到讲台上以后，只是一个劲儿面对大家傻笑。

看到郝成龙不求上进，甄老师也没有办法，只好长叹一声，说："郝成龙，你在教室说话影响大家。操场上空间大，要不你到那里说去吧？"

我们有的哈哈大笑，有的笑而不语。

郝成龙却仿佛吃错了药似的，竟然默默转过身，众目睽睽之下，飞快走出教室，然后，我们听到清晰的跑步下楼的声音。

我们呆了，甄老师也傻眼了。

接着我们哄堂大笑，甄老师也叹口气说："唉，先由他去吧。"然后，继续给我们讲解课文。

讲解完毕，甄老师让我们自己做练习，然后赶紧跑出教室，我又听到跑步下楼的声音。不久，郝成龙就被甄老师领回教室，甄老师没再说什么，而是继续上课。

谁曾料到，郝成龙跑下楼去竟然会发生那样的事情呢？

我猜想，可能是这样：郝成龙跑步下楼的时候，正好碰见校长和那些来学校参观考察的记者和家长。看到学生在上课时间里独自一人跑下楼，校长肯定会关心地问他这样做的原因。

以我对郝成龙的了解，他一定会说："甄老师嫌我说话就让我到操场上去。"

知道自己学校的老师上课期间把学生撵出课堂，校长肯定很生气，肯定会让郝成龙回到教室去。我不知道为什么郝成龙没有回到教室而是依然去了操场，或者是校长根本就没有问他的情况，但是，甄老师一定是挨批评啦。

挨了批评的甄老师什么也没说，更没有批评郝成龙，而是自己背了这个我认为她并不该背的黑锅。

我的敬佩之情油然而生。心中的境界有多高，眼里的世界就有多大。甄老师的胸怀可真够宽广的，她的确是一个敢于担当的人。要敢于担当责任，做一个有责任心的人，这是她一直以来对我们反复强调的话。

我想要是这件事情发生在姬大婶身上，她一定会找校长解释清楚，也一定会对着郝成龙大发雷霆。她才不会忍受这样的委屈呢。

看完这个反思，我既感到吃惊，又感觉自己有点心慌。原来这不是甄老师下载的文章，而是她自己内心的真实告白。

这么说，我是在偷窥老师的内心世界？我自问。

很不应该！我又自己回答。

可是，好像鬼使神差，我禁不住继续偷窥下去。

反思二：

早上来到学校就接到紧急通知：今天下午上级领导要来学校视察，务必按照以下要求做好准备工作：第一，学习目标要按照新修改的内容抄写在黑板右上角；第二，因为今天上复习课，所以复习的时候要让全体学生站着。

我一看就感到着急，修改后的学习目标内容很多，课间时间短，还要做其他方面的准备工作，上课铃声响以前，恐怕抄不完。而且，以前我从来没有要求学生站着复习过，今天忽然要求站着，学生因为不适应而课堂乱怎么办？

但是，听说这次视察对学校来说至关重要，我绝对不能因为自己的缘故让学校挨批评。所以，无论怎样，我会尽量按照要求去做。不过，要学习某些学校那样让学生站着复习，而且还要让学生也站出人家学校学生那种训练有素、激情四射、精神百倍的样子，恐怕有难度。

于是，上一节下课铃声一响，我就立即飞奔下楼，跑到班里，上一节课的老师刚刚下课，学生们正三三两两结伴去厕所。

"抓紧时间，速战速决！"我说。

我赶紧让课代表抄写新的学习目标。课代表个子比我高一些，写的字比我写的小，用黑板的版面会少一些。然后，我赶紧打开多媒体、出示课件，抓紧时间板书课题。

真不凑巧，这一课的课题字数也比较多。刚写完课题，课代表也刚把目标板书完毕，一队人员就涌进了教室。接下来，上课导入、自主复习，各个环节都进行得很顺利。视察人员离开后，我终于松了一口气。还好，没出问题。

可是，万万没有想到的是：我却不容置疑地制造了一个教学事故。

领导视察完毕离开学校以后，级部就立即召开大会。"大家到先进学校学习得不够彻底，第一个教室里老师的目标写得不合格。"级部领导说。

会场上鸦雀无声。我感到莫名其妙。我，就是领导视察的第一个教室里的老师。虽然我很不愿意因为自己而让领导挨批评，可是，偏偏，自己还是制造了大麻烦！

事后，同事悄悄告诉我：你的目标少写了几个字。我恍然大悟：按照要求自己把学习目标完整地抄写在黑板上可能就不会这样了。

虽然，我并没有真正认识到这起教学事故的严重性。但是，接下来的事实表明：这个事故的后果，真的很严重！

级部连夜制订了"学习目标的制订与使用注意的问题"，印刷下发，人手一份；并明确了制订目标的格式：

（1）扎实掌握**知识，达到**能力或形成**能力；

（2）通过独立思考、合作探究等过程，掌握**的方法；

（3）全力以赴、激情投入，体验**的快乐，养成**的态度。

然后，年级组专门开会，认真学习了一节课的时间，而且还制订打印了"年级组教学改进事项"，用黑体字醒目标注学习目标的格式，要求每一位老师都把"年级组教学改进事项"粘贴在课本的第一页上。

我乖乖地把"年级组教学改进事项"粘贴在课本的第一页上了，我还在学习笔记本上就"学习目标的格式"认真做了笔记。

我觉得自己只能这样做，谁让我制造了这起教学事故呢？……

看到这里，我感到万分震惊！同时感到深深的自责！那次领导来视察的时候，甄老师提醒过我们，级部要求我们向先进学校学习，在黑板上板书目标，并站着复习。而且，还把板书目标的任务交给了我。

甄老师在打开课件等做课前准备的时候，我也认真地板书学习目标。写着写着，偶一抬头看到钟表，上课的时间就要到了。以前听姬大婶说过：如果教师不按时上课，就是教学事故。我可不能因为自己而让甄老师制造教学事故，我想。可是，麻烦的事情又出现了：黑板上这一部分剩余的空隙已经不多了，再看看目标，还有好些内容没抄写呢。怎么办呢？我灵机一动，就自作主张把"全力以赴、激情投入"这八个字省去了，并急速写完目标，还好，视察的人刚好迈进教室。

可是，我不知道的是，甄老师却因为我的"灵机一动"而制造了教学事故、遭受了学校领导的批评。甄老师对工作那么认真负责，这是大家有目共睹的。可是,因为我,又背了一个大大的黑锅。关键是,她从来没有因为这件事而批评过我。我觉得自己以后再也不能自以为是了,我要不断提高自己的各种能力,真的再不能给老师增添麻烦了。老师,请原谅我的无拘无束、无知无畏吧。

反思三:

找学生谈话很多,但没有记录在册,结果检查不合格,遭受批评了。以后……

甄老师开会回来了,她没有发现我已经发现了她的秘密。她表扬了我的进步,鼓励我一定要坚持努力下去。

我默默无语,心里想着的是甄老师所受的那些委屈。

看看甄老师平静的表情,我心里有说不出的感动。这个世界上,即便是你认真负责,但也没有人能够完全按照自己的意愿生活。很多人的很多委屈,其实只是来源于迫不得已、身不由己。

以前,我发现,甄老师身上虽然也有一些这样或者那样的小毛病,但她对我们一直像小孩子一样那么真诚;她的笑容,始终像夕阳那样让人感到温暖;而现在,偷偷看了老师的反思后我又发现,她的心灵,真的就像天空那样宁静和宽阔。

记得《麦田里的守望者》为世界贡献了一个词语:守望。教育不是管,也不是不管。在管与不管之间,有一个词语叫“守望”。甄老师一直在用心守望着我们啊。

张一峰的网络婚礼

尽管寒假已经过去了快两个月了，新年的鞭炮声已经彻底走远，但同学们都依然挂着崭新的笑脸。

女生们有的依然交流着服装品牌，有的讨论着电视剧。叽叽喳喳的，一点也不像是长大了一岁的女孩子。

男生们既不关心服装，也不关心电视剧，而是关注球赛，再就是偷偷涉猎的网络游戏。

一天放学后，我和张一峰一起回家，他神神秘秘地对我说："知道吗？我要结婚了。"

"什么？你要结婚了？"对我来说，这又是一个霹雳一般的消息。

"新娘是谁？什么时候？不上学了？"对张一峰来说，这可能是一些天真弱智的问题。

"当然是在网上了。新娘叫'来自火星的美眉'，我们谈了很长时间了。"张一峰说，脸上竟然有我从来没有见过的甜蜜。

我表示不信。一个寒假，就到了谈婚论嫁，这也太神速了吧。

张一峰说："你不知道吧，我天天坚持去网吧，连续坚持了七天，终于深入地体验了一下网络生活。"

"连续七天？你就吹吧，"我不屑一顾，"什么时候学会吹牛了你？"

"不是吹牛，是我爸爸妈妈逼迫我的。"张一峰恨恨地说。

"你的爸爸妈妈逼迫你连续七天去网吧，体验网络生活？你是去水星旅游回来的吧？你说这话谁信呢？"

"唉，其实这是真的。"张一峰叹口气，出于信任，或者是无人倾诉，他一五一十地把前因后果都告诉了我。

原来，寒假刚刚开始的时候，张一峰的爸爸为了督促他的学习，就和他一起制订了一个寒假学习计划，分配好每天学习和玩游戏的时间，并让他在学习计划上签了字。但是，对学习一直不感兴趣的张一峰根本不照计划做，整天只是趁着妈妈白天睡大觉的工夫，偷偷上网玩游戏。

后来，他爸爸发现了这个秘密，非常着急和生气，狠狠地批评了他。

张一峰并不领情，他想到爸爸整天值班、夜不归宿，妈妈沉迷网络聊天、玩游戏，生活在这样的家庭里，哪有心思学习？于是，他就跟爸爸吵了起来。

爸爸看张一峰不懂事的样子，就随口说了一句气话："如果你再这样下去，你就别回这个家了。"

张一峰说："不回就不回，谁还稀罕。"然后就跑了出去。

张一峰游游荡荡来到了一家网吧，尽管他是未成年人，但他去的网吧没有拒绝他的进入。张一峰进入网吧以后，立刻坐在电脑前投入到网络游戏"MM世界"中去。

一直到晚上，他的爸爸妈妈也没有找他。饿的时候，张一峰就用压岁钱从网吧里买瓶可乐喝。困了，就趴在座位上迷糊一会儿。

"那一天，我虽然玩得很痛快，但是，心里很不是滋味，感到很不快乐。"张一峰说。

后来，网吧老板发现了张一峰，就要他离开，并批评了放他进入网吧的服务员。

没办法，张一峰只好灰溜溜地回家。

可是，回到家里，他发现自己的爸爸还没有回来，妈妈正在网上热火朝天地聊天。听到他进门的声音，他妈妈只是说了一声："儿子，饿了吧？锅里还有中午剩下的包子，你自己热热吃吧。妈妈正谈论大事，走不开。"

没办法，张一峰只好无奈地熄灯睡觉。

第二天，张一峰还在睡大觉，他爸爸回来了。一把掀开被子，就把张一峰叫了起来。

"反正你在家也不能按照计划自觉学习，我给你报了一个学习班，你去补补课吧。"张一峰的爸爸说。

"好吧。"睡眼朦胧的张一峰来不及多想，面无表情地赶紧答应。

他知道，如果自己不赶紧答应，爸爸可能就会大发雷霆，无法预料还会有什么样的事情发生。

胡乱吃了点剩饭，张一峰就按照爸爸写的地点，来到一家补习班。补习班里人很多，乱哄哄地闹作一团。负责的老师也不管，只是自顾自低头玩手机。

"爸爸真是白花冤枉钱。"张一峰说，那个补习班，纯粹是为了赚钱。任教的老师都是在校大学生，他们有的是热情和激情，但是他们连哪儿是重难点都不知道，还谈什么辅导。

所以，上了一个上午的补习班，认识了一个同病相怜的同学，在这个同学的建议下，张一峰就做了一个大胆的决定。于是，为期一周的补课生涯就此结束。

"什么大胆的决定？"我问张一峰。

张一峰不无得意地说："我俩商量好了，每天结伴出门，然后到补习班点名，点完名后就算学习了，没有老师再找你。然后，我俩就到附近的网吧，上网玩游戏。"

就这样，张一峰和那新认识的伙伴，连续七天，天天按时出门，按时回家，一副认认真真、毫无怨言补课的样子。

"你爸爸不知道吗？"我问。

"他哪有时间啊！"张一峰无奈地叹口气。就这样，张一峰继续玩他从去年开始玩的"MM世界"。在游戏中的他名字叫做"来自水星的帅锅"，控制着一个高大威猛的"男神"，已经练到80多级，在游戏中属于当之无愧的"高手"。

不仅如此，他还认识了一位名字叫做"来自火星的美眉"的女孩儿。张一峰说他断定那是个女孩儿。

"别看我上课回答问题不积极，但在网络游戏里，我可是非常活跃。"张一峰不无得意地说。

"来自火星的美眉"比他大一岁，他俩一起聊天，一起降妖除怪，还开一些色彩丰富的玩笑。游戏里的一个小花园成为两人约会的"老地方"。在张一峰打着补习功课的大旗而偷偷钻进网吧聊天的那段时间里，他俩相互之间有了更多的了解，关系也突飞猛进地发展下去。甚至，效仿游戏里的其他玩家，两人约定要在游戏中举行一场盛大的"婚礼"。

"你们的婚礼什么时候举行？"我听着感觉奇怪，但也觉得挺有意思，就忍不住问张一峰。

"就在明天。明天不是周五吗？晚上八点，到时候你可一定要去围观啊。"张一峰煞有介事地说，就好像自己真的要举行什么重要的婚礼似的。

"嗯，我尽力吧。你知道的，我妈妈不让我玩游戏。而且，如果明天我妈妈正好要用电脑的话，我就捞不着上网了。"我认真地回答。

"好吧。"张一峰点点头，"你是我的好朋友，我希望你能够和我一起见证这个美好的奇迹。"张一峰充满新期待地说。

我知道，我在他心里确实是好朋友。虽然我现在已经属于改邪归正的一族，与他之间已经拉开了一段很大的距离。但是，他曾经陪着我走过最低谷的日子，他对我不离不弃，我也会对他奉陪到底。

张一峰告诉我，为了这场"婚礼"，他还提前通知了游戏里的四五十位"好友"前来观礼。

这让我感到很好奇，同时也想，那么多网友都来观礼，我作为他的好朋友，岂能置之不理？我决定克服一切困难陪着他，看看这个特殊游戏的特殊玩法。

周五晚上，吃罢晚饭，妈妈就坐在电脑前忙碌自己的工作。很显然，在家里我不能上网了。

那怎么办呢？失约于张一峰，多不好啊。但是，我要告诉妈妈说去陪着张一峰玩游戏，说什么妈妈也不会同意。

我决定撒个小谎，我保证自己看看网络婚礼结束就赶快回来。

"妈妈，我要去同学家拿本书，写作业急用。"我在客厅对妈妈喊话，这样，妈妈就看不见我因为撒谎可能慌乱的眼神了。

对于进入初二以后我所发生的巨大变化，妈妈感到很是开心，所以，对于我的毫不过分的请求，妈妈毫不迟疑就答应了。

我飞奔下楼。

按照张一峰的指点，我来到网吧，陪着张一峰玩游戏。

在我来之前，张一峰早已在网吧里招呼游戏中陆续上线的好友前来捧场。而且，他已经和其中一位朋友商量在游戏婚礼中穿什么衣服。在比较了很长时间以后，他选定一套白色西装作为结婚的礼服，并邀请那位朋友作伴郎。

"她喜欢白色。"张一峰一边给我看他选的白色西装，一边对我说。

好不容易，"来自火星的美眉"终于上线了，张一峰连连提醒她："我们的婚礼就要开始了。"

可是，"来自火星的美眉"并不回应，直到张一峰提醒了她无数次，她才说："婚礼改天再办吧，家里有急事。"

张一峰不死心，说："你家的事有那么急吗？举行完婚礼再办不行吗？朋友们都来了。"

"来自火星的美眉"说："不好意思，我现在必须离开。"

张一峰回答说："没事，没事，你有事就先走吧。"但是，两眼却盯着屏幕，一动不动。

等了一会儿，"来自火星的美眉"不再有任何反应，张一峰原本充满笑意的脸也彻底黯淡下来。他一个人茫然地在网络荒野中奔跑了一阵子，然后就开始在游戏中"打妖怪"，无视我的存在。

我正想化解此时的尴尬，突然，张一峰的妈妈出现在网吧，她毫无顾忌地嚷嚷着叫张一峰回家。

张一峰因为"婚礼"没有按计划举行，心情很差，并不理睬他妈妈。他坐在那里一动不动，继续玩游戏。

这一次，张一峰的妈妈并没有生气，而是凑近电脑看张一峰的游戏。她看了一会儿，就问："你怎么也玩这个？"

张一峰说："你不也玩吗？我就是跟你学的。"张一峰一边说，一边打开网页说："我不但会杀怪兽，我还要结婚呢。"他一边说着，一边展示和"来自火星的美眉"的对话。

"什么？'来自水星的帅锅'是你？"张一峰的妈妈竟然惊呆了。但是，她突然哈哈大笑道："你真是个大傻瓜！你知道那个'来自火星的美眉'是谁吗？她就是你妈我啊！哈哈……"

我和张一峰都傻眼了。

来自星星的萌妮

张一峰的婚礼滑稽结束，我的新同桌闪亮登场。

每年的学期开始，有转学走的同学，也有转学来的；有成绩明显优秀的，也有不受待见的。我感觉有时候学校就好像一个小型集市一样，总有人喜欢在这里来来往往。

一天，甄老师领着一个女孩儿走进教室，满脸笑意地说："这是转来我班的新同学，各方面都很优秀。希望大家不要欺生，你们不但要热情欢迎、积极接纳新同学，而且还要虚心向新同学学习。"听甄老师这么一说，大家都自觉地报以热烈的掌声。

"你做个自我介绍吧！"甄老师朝大家做了一个结束的手势，然后对那女孩儿说。

女孩儿点点头，然后笑意盈盈地面向我们说："大家好！我是来自星星的倪萌，初来乍到，请多关照！"

大家一听她的自我介绍，都禁不住咧嘴大笑。

除了金秀贤，谁敢自称来自星星？我立刻就觉得，这女孩儿要不就是情商很高，要不就是喜欢搞笑。

只是，让我感到奇怪的是，无论是甄老师隆重介绍的时候，还是同学们尤其是我热烈鼓掌以示回应的时候，这个叫倪萌的女孩儿一直表现得相当平静，仿佛那些已经见过大世面、经历过大场面的电影明星，文文静静的神情，嘴角始终充满笑意。

她，好像是我喜欢的类型。不知道为什么，我心里竟然就这么笃定，而且，我好像听到自己的心突然就"咕咚咕咚"地急速跳动。

难道，这就是传说中的一见钟情？

正胡思乱想呢，忽然就听到甄老师的声音："肖胡图，你说行不行？"

"行！"虽然因为刚才开小差，我根本就没有听到甄老师究竟是说什么行不行，但是，我还是反应迅速并习惯性地回答了这个问题。

"好，那你就坐在他那里。"甄老师指着我的方向对倪萌说。

我瞬间呆萌！我看见倪萌一步一步向我靠近，靠近，然后，轻轻地，她就坐在了我的身边，成了我的同桌。

这真是天意！我立马庆幸自己刚才的回答是多么及时和铿锵有力。看来，这是一个神奇的开始。

没想到，倪萌坐下对我说的第一句话竟然是："你长得真像伯贤哦！"我更加心花怒放。

成为同桌以后，不知道为什么，也许是鬼神神差吧，我对倪萌表现出罕见的热情和主动。无论她遇到什么不明白的问题，我都会及时地主动和她讨论，力争帮助她解决。

当然，除了帮她解决问题之外，我还会尽可能多地展示我的特长，比如上数学课回答问题啦，比如上作文课写作文啦，比如上思品课即兴演讲啦，等等。我也不知道自己哪里来的力量，那么想在这个女孩面前表现，以争取获得她的好感。

当然，有时候，我也会时不时来点儿幽默做调料，活跃一下课堂气氛的同时，也惹得她开怀大笑。

她笑的时候，漂亮的眼睛会眯成两条缝儿，嘴角露出一对儿小酒窝，样子真是可爱极了。

我的积极展示和热情搞笑，渐渐增加了倪萌对我的好感，每次看她开心的样子，我也是满怀欢喜。

相处了一段时间后我才发现，倪萌貌似文静，其实也很活泼热情，我俩经常讲述自己喜欢的故事给对方听。有一次，倪萌给我讲了一个故事，让我感到印象深刻——

有一天，动物园管理员们发现袋鼠从笼子里跑出来了，于是开会讨论，一致认为是笼子的高度过低。于是他们决定将笼子的高度由原来的十米加高到二十米。结果第二天他们发现袋鼠还是跑到外面来，于是他们又决定再将高度加高到三十米。没想到隔天居然又看到袋鼠全跑到外面，于是管理员们大为紧张，决定一不做二不休，将笼子的高度加高到一百米。一天，长颈鹿和几只袋鼠们在闲聊:"你们看,这些人会不会再继续加高你们的笼子? "长颈鹿问。"很难说，"袋鼠说，"如果他们再继续忘记关门的话！"

我哈哈大笑。

"你说说，这个故事告诉我们什么？"倪萌问。

"我不好说，希望你告诉我。"我不要帅，而是要赖。

倪萌说："这个故事是我妈妈告诉我的。这个故事告诉我：只知道有问题，却不能抓住问题的核心，是不能把问题圆满解决的。看待问题时要多方面考虑，不能只顾一方面，要发散思维。这样，才能解决问题，收获更多。"

我点点头，我觉得自己确实懂得了什么。就比如我，过去一年多的时间里，我一直因为爸爸妈妈的离婚而自暴自弃，却没有解决任何问题。于是，我对这个外星来的小女子心生感激。

还有一次，上自习课，她忽然极其认真地对我说："方才在习题精选集上看到一道数学题，出法极是诡异，私心想着若是这道题让你来做，定可增加你公式熟练度，对你数学成绩的提高必是极好的。"

"哈哈，你不是来自星星吗？也看甄嬛传？快，说人话！"我装作不屑一顾，我知道她说的是网上正在流传的段子。

"这道题我不会做，你能给我讲一讲么？"她满脸笑意。

天哪，像她这样成绩优异的人，哪有向人请教的道理？她竟然会有不会做的题目？还要向我请教？我有点儿受宠若惊。不过，众人皆知，我的数学一直不错。理所当然，我也就毫不客气地为人师一次，给她讲解清楚。

有时，想和她说话但没有话题的时候，我便会问她一些关于学习方面的问题。其实，我只是明知故问，在她思考一会儿准备回答的时候，我就会做出恍然大悟的样子，马上说出答案。这时候，她脸上就会摆出一副很生气很无奈的表情，那表情我真的很喜欢。

后来，倪萌自告奋勇当了我的小组长。我也就像盼星星盼月亮那样地盼望每周的星期五早点到来。因为，每到周五，我们要一起做值日，我经常故意扫不干净，然后等她擦完黑板之后赶紧过来看着我重新打扫。其他同学干完自己分内的活儿就早早离开了，教室里只剩下我和倪萌，我感到开心极了。我一边扫地一边和她开玩笑，她总是被我的笑话逗得笑弯了腰。扫完地之后，我让她帮我拿垃圾铲，故意把废纸什么的弄到她的头上，然后再积极主动地帮她清除掉。倪萌静静地站在那里，一双大大的眼睛忽闪忽闪的，耐心地等我帮她清除头上的垃圾，样子真是又萌又可爱。

只要班里举行什么集体活动，我都会积极选择和倪萌一组，我很不愿意看见她和别的男孩子说说笑笑。

有一次，我们参观完蔬菜大棚后回学校的路上，我坐在大巴车里，看着邻座的倪萌熟睡的样子，简直入了迷。当我很不好意思地回头时，我发现有很多男生比如郑一宸等也正在痴痴地看着她。

我顿时心如打翻五味瓶，各种滋味无法形容。

难道，我恋爱了吗？

面对自己的疑问，我不知道自己应该做出怎样的回答。

没想到，考验我们的时候很快就到了。

四月底，学校要举行合唱节。不知是谁出的馊主意，甄老师让我们班挑选同学伴舞表演。尽管我从来没有学习过跳舞，也根本就不喜欢跳舞，但是，看见倪萌报名参加，我也就积极地报了名。

甄老师根据身高等确定了选手，还好，我和倪萌都在其中。我心中正暗暗高兴，根本就没有料到会有意外的事情发生。

甄老师一声令下，让我们自己选择舞伴。我故意快速靠近倪萌，这样只要我把手一伸，就能抓住她的手了。但是，当我满怀期待伸手邀请倪萌的时候，她却把手伸向了别人——身材越来越高挑、模样越来越风流偲偲的班长郑一宸。

我顿时感到无地自容，当时一定是面红耳赤。

我体验到了心痛的感觉，那感觉真的是"无法言喻"。

可是，就在我窘迫异常、不知所措的时候，我意外地发现，倪萌伸向郑一宸的手只是摆了摆，不管郑一宸做出怎样夸张失望的表情，倪萌却把手伸向了我。

我顿时感到惊喜异常，同时又气愤于倪萌的调皮。

从此，以后每天下午课外活动的时间，我们都要留下排练舞蹈。我手里牵着倪萌，踏着节奏，感觉那么轻松，偶尔有眼神的交流，温馨而默契，简直就是一对传说中的神仙眷侣。

我估计男生们一定是艳羡至极，郑一宸更是心痛至极。我心里洋洋得意，尽管，我并没有发现任何人过分注意我的幸福，更没有发现他们对我有任何羡慕嫉妒恨的表情。

我们的伴舞被甄老师点评为精彩的演出，我和倪萌对彼此的了解也更进一步。她很认真，反复练习每一个舞步，俨然一个专业舞者；她很单纯，好像一个小妹妹；变换队形的时候，她又善于配合每一个同学，仿佛一个大姐姐。

我发现自己从来没有像现在这样喜欢我的学校，从来没有像现在这样喜欢学习。

令我没有想到的是，后头还有更大的惊喜等待着我。

有一次，我奉命跟着妈妈去参加她的大学同学聚会，令人意想不到的事情竟然就发生在了我的身上。我惊喜地看见：站在妈妈一个女同学身边的，竟然是倪萌。

这个本来我极其不愿意参加的聚会顿时蓬荜生辉，感觉它又进一步拉近了我和倪萌的距离。但是，一看见倪萌的妈妈，我的心却开始狂跳不已，我不知所措，情不自禁地挠挠头发，后悔早上没有洗头，发型可能杂乱无章。

可能我只想自己头发的事了，根本就没有听见妈妈们在说些什么。直到妈妈捅了我一下，说："想什么呢？人家倪萌跟你打招呼呢。"

我只好"嘿嘿"干笑了两声，但仍然不知道该说些什么。

倪萌只是微笑着，没再说话，好像已经知道了我的心事似的，默默化解着我的尴尬。真是心有灵犀啊！

那次聚会，吃了什么、说了什么，我一概不记得了。我仿佛成为倪萌妈妈的跟屁虫，她走到哪儿我就跟到哪儿；也好像成了她的服务生，端茶倒水，殷勤得连我自己都觉得有点不可思议。

幸亏那天"二代"不多，否则，怎么会有这样的美差落在我的头上啊。也许是老天爷被我的诚心打动，愿意给机会给我吧，倪萌的妈妈听说我的英语基础较差，就主动提出让倪萌在周六帮我补习英语。

我禁不住心花怒放。

聚会结束以后，妈妈们热热闹闹地告别，我也用行动对倪萌和她妈妈表达了自己的依依不舍。

回到家里，我兴奋不已。联想到倪萌来到班里以后我的种种快乐和幸福，忍不住打开日记本抒发感慨，把自己对倪萌的好感一一列举，并坚决地表达了为缩短与她学习成绩的距离而奋起努力的决心和信心，然后才熄灯睡觉。

第二天早上，睡意朦胧中有人坐在我的床前。我睁眼一看是妈妈，她手里拿着我的日记本乐开了花。

我窘迫万分，无地自容，赶紧用被子蒙上了头。

妈妈哈哈大笑着把我拽出来，说："好事啊！倪萌又文静又漂亮，而且学习好，能当她的婆婆是我的福气啊。"

本以为妈妈会劈头盖脸给我一巴掌，却没想到她老人家竟说出一些这样直白又通俗的话。

"儿子，你真的喜欢倪萌吗？"妈妈很认真地问我。

"啊……嗯……"我承认了。妈妈就像朋友，我没有必要瞒着她。关键是她现在证据在握，想瞒也瞒不了，还不如如实交代。

"我赞同！"妈妈说，"不过你得答应我一个条件：必须向倪萌看齐，认真上课，努力学习，只有让自己变得足够优秀，才能让优秀的女孩喜欢你。否则，人家是不会看上你的。"

"嗯。"我点点头。妈妈说的话和甄老师说的如出一辙。我必须让自己变得足够优秀，才能让倪萌这样优秀的女孩喜欢我。而目前，最直接最简单的方法，就是认真学习，不断磨炼自己，使自己成为一个自尊、自信、自立、自强、有肩膀、敢担当的人。

接下来的日子里，虽然遇到许多学习上的困难，但看看同桌倪萌，想想妈妈的话，我就感觉自己增添了好多战胜困难的勇气。

"说真心话，我非常感谢你。当然，也很羡慕你！"一天，在QQ上和倪萌聊天时，我忍不住直抒胸臆。

"你也很好啊。我也很敬佩你呢。我妈妈说你很懂事，既是妈妈的肩膀，也是妈妈的希望。虽然你父母离婚了，但是因为你的努力，你妈妈的未来已经有了保障。"倪萌打开了话匣子说。

"可是，我就和你不一样。虽然我也很贴心，也懂得照顾妈妈，但是，我是女孩子，有些事情我真的不能做。真希望妈妈有个新的依靠。"倪萌似乎有些伤感。

"怎么？你爸爸不是你妈妈的依靠吗？"我感到很奇怪，我一直以为，优秀的倪萌一定生活在一个美满的家庭。

"呵呵，说来很奇怪吧，我爸爸妈妈早就离婚了，而且我爸爸再婚了，我一直跟着妈妈生活。我有时候很遗憾自己是个女孩，修下水道、修车等活全是妈妈一个人张罗。我顶多是在一边帮帮忙。我那貌似温柔优雅的妈妈，现在真的成了一个女汉子了。我盼望自己快点长大，那样妈妈就可以开始自己的新生活了。"

这又是一个霹雳一般的信息。我一直羡慕的倪萌温暖的家，竟然也是早就解体了。我曾经因为爸爸妈妈的离婚而心灰意冷、玩世不恭；而倪萌，却那么阳光开朗、积极向上。

差距，真的是差距啊。我要向倪萌学习，做一个有翅膀的自己。

我在羡慕别人，其实，自己也正让别人羡慕。这就是生活。

我感觉自己又长大了。

失联三小时

时间匆忙飞逝，无暇顾及从前。

在这个异常干旱的2014年的春末夏初，终于迎来了第一场雨。妈妈说老家地里的麦子眼看快要渴死了，如果再不下雨真的就颗粒无收了。这场雨真的是千呼万唤始出来，是农民们的救命雨。现在，农民们一定因为雨的到来而欢呼雀跃。

晚上，我写完作业后，就自觉地打开了电视，想借看电视之际，搜集一点时政热点信息，积累在脑海里，省得上课的时候脑袋里一无所有。那种脑袋里除了忧伤之外其他一无所有的状况，在我肖胡图的身上决不再出现了。

外面一直下着雨，时而淅淅沥沥，时而哗哗啦啦的，我觉得这雨也挺有意思，就像我们小孩子的心情似的，一副飘忽不定的样子。

妈妈正在忙着做饭，厨房里已经飘出牛肉丸子的香气。

说起这牛肉丸子，我的功劳也不可小视。上个星期天，妈妈特意到超市买了一块新鲜的牛肉，花了将近二百元钱，四十六元钱一斤呢。当时，我说不用买这么多，太贵了。可是妈妈看看我说："你现在的身体正是突飞猛进的时候，需要的能量多，多吃点牛肉有利于身体的成长。再说，你从小就喜欢吃牛肉，不给你多吃点，怎么对得起这么懂事、努力的你！"

我把牛肉提回家，看妈妈用水冲洗干净，然后分割成小块，然后就开始马不停蹄地剁起来。她说把牛肉做成肉丸，我吃起来更方便。

看妈妈把菜刀握在手里，左右翻飞，我以为很容易呢，就极力央求妈妈让我试一试。

经不住我的再三央求，妈妈终于把刀递给了我，站在一边，看着我开始与牛肉"战斗"。

我想像妈妈那样快速连续地剁起来，可是力不从心，不是手腕抬得太高，就是刀没落在肉堆的中间，"看来，要剁好牛肉，先得学会耍手腕啊。"我不由得感慨万千。

"当然要学会运用手腕的力量，手腕没有力量，怎么耍也不行，即便是针对一堆牛肉。"妈妈说。

"拜托，不要发表哲学思想好不好。"我看看妈妈说。

"哈哈，真不知道你从哪里学习来的，还知道耍手腕的道理。"妈妈说。

从哪里学习来的？我看杨倩兮就是会耍手腕的人，只不过她的手腕技巧还不太娴熟，被甄老师识破而已。

"叫我说千万不要学着耍什么手腕，社会上凡是没有真才实学而只喜欢耍手腕的人，最后都只能是自食其果。你现在踏踏实实地学习，将来踏踏实实地工作。

只要堂堂正正做人，无论出现什么情况，也不会胆战心惊。那些没有真才实学，单纯依靠耍手腕的人，有几个是长久的？何况是现在这个社会，还是有真才实学、踏实稳重的人受欢迎。"妈妈连续发表高见，给我讲大道理。

我撇撇嘴，算是回应了妈妈的长篇大论，但是我觉得妈妈说的一定有道理。

那天下午，我一直和妈妈轮番上阵，终于把牛肉剁成了肉泥，然后妈妈又把肉泥做成了肉丸。虽然我也感到有点累，但品尝着香喷喷的肉丸，心里也甜蜜无比。

享用自己劳动的成果是如此爽啊，而且，我还体验了妈妈以前整天为我忙碌的辛苦。我长大了，有的是力气，以后要多帮妈妈干这样的家务活。

现在，牛肉丸的香气再次扑鼻。我知道，妈妈一定是在用蘑菇炖肉丸子。这是我的最爱，也是妈妈的拿手菜。

正美滋滋地想着，忽然听到妈妈的手机收到信息的声音提示。

妈妈正在做饭，一般这个时候，我就是她的小秘书。于是，我打开妈妈的手机，信息显示："姐，我来 W 市了。"

发信息的人是妈妈的表妹。曾经听姥姥说过，她是家中最小的孩子。当年为了生她，她妈妈因为大出血差点儿失去生命，她有点儿娇生惯养，初中毕业以后就不愿意再上学了。听说多次到县城打工，但都因为受不了苦而回到家中，家里人也拿她没办法。

"你来这里干什么呢？住在哪里？"我按照妈妈的意思，回短信问她。

"我同学介绍了个工作，住在同学的宿舍。"她回信。

"那好，我明天就去看你。你自己注意安全！再联系。"我按照妈妈的口述，回了短信，然后准备吃饭。

可是，就在我刚刚把饭菜端上餐桌准备吃饭的时候，妈妈表妹的短信又来了："姐姐，你现在就来接我吧，我今天晚上没有地方住了。"

刚才还好好的，怎么突然就发生变化了呢？正在厨房收拾的妈妈立即吩咐我打电话问发生了什么事情，并把手机打开免提，这样妈妈可以听到。

表姨吞吞吐吐地说："我同学去看她男朋友了，我的东西都放在她的宿舍里。她锁门了，我没有钥匙。"我忽然觉得表姨那里一定是发生什么事情了，她说的理由根本就不合乎情理。

"妈妈，是不是表姨被非法传销的人控制了？"我问妈妈。不知为什么，曾经盛传的非法传销的各种故事开始在我脑海闪现，说不定表姨也被自己的同学所骗，等她看明白真相以后偷偷地逃了出来呢。

妈妈想了想，说："咱先不要胡思乱想。现在，你表姨手里一定没有钱，没饭吃也没地方住。我们得马上去找到她。"妈妈马上跟表姨约好，让她在自己所说的那家超市的门口等待，我们马上过去接她。

可是，在一个雨天的夜晚，妈妈一个女人家，尤其是还开着车，万一表姨是被坏人利用，要对妈妈进行敲诈勒索，那妈妈不是自投罗网吗？如果妈妈一个人去接她，我不放心。虽然我不是威武的壮汉，但起码已经是身强力壮的少年，万一坏人出现，我还可以保护妈妈。最起码，我可以打110求救，或者呼喊路人帮助。所以，看妈妈来不及换衣服就要出门，我赶紧说："妈，我陪你一起去吧。"

妈妈笑了，说："也好，咱们快走吧。"

我和妈妈急忙下楼，妈妈开车直奔与表姨约好的那家超市门口。可是，我们在门口转悠了几个来回，也不见表姨的身影。

妈妈给表姨打电话，却已经无法接通了。妈妈说："在另一条路上还有一家叫这个名字的超市，我们到那里去看看吧。"于是，妈妈又开车东拐西拐，来到另一个超市门口，继续寻找。可是，来回寻找了几遍，还是没有看见表姨。

这时候，本来淅淅沥沥的小雨，变成哗里哗啦的大雨了。

看妈妈开始着急起来，我继续给表姨打电话，仍然是无法接通。

我更加确切地认为，表姨真的遇到什么困难了。也许她已经被坏人控制起来，或者坏人发现了我的存在，不敢让表姨露面了。妈妈万分着急，马上给表姨的妈妈打电话，试探着问起表姨的情况。我知道，妈妈不敢说出事情的真相，怕连累老人也担惊受怕。

经过与表姨的妈妈交谈得知，表姨确实是今天来了，说是同学帮着找了工作。妈妈稍微松了一口气。看看手机，我们已经找了一个小时。

妈妈说："你也饿了吧，我先带你去吃饭，你表姨的手机也许是没有电了。她应该会想办法与咱联系的。"

确实，我已经饥肠辘辘，看来，今晚无法享用那美味的牛肉丸子了。我和妈妈来到附近的一家快餐店，每人要了一碗面。妈妈一边吃饭，一边不断地给表姨打电话。但是，又一个小时过去了，电话仍然无法接通。

"她为什么不借别人的手机给我打个电话或者发条短信呢？她不会笨到连这也不懂的地步吧。"妈妈连连叹气，非常无奈的样子。

"妈妈，表姨会不会已经被坏人控制起来啦？"我忍不住问妈妈。

"咱这座城市，还没有那么复杂。那些电影上看见的镜头，咱这里几乎没有。你不要胡思乱想了，我想是不是在别的路上还有一家这样的超市。"妈妈冷静地说。

于是，我和妈妈开始询问饭店的工作人员，很遗憾，没有知道的。妈妈又冒雨跑到超市门口，询问了几个人，都是摇头。

而这段时间里，妈妈让我一遍一遍地拨打表姨的手机。又过了大约半个小时，在拨打表姨的手机无数遍以后，谢天谢地，终于接通了。

"你不要挂断电话，马上问问周围的人，你到底在什么街、什么路上？"妈妈说。听完表姨的回话，我们终于明白：原来，在这座城市的另一个郊区还有一家叫这个名字的超市，只不过，我和妈妈从来没有到过那边而已。于是，妈妈赶紧驱车前往那个郊区。半个小时以后，我终于见到了表姨。她一个人站在超市门口，正东张西望。

见到表姨，妈妈长长地舒了一口气，赶紧开车带我们回家。回到家里，等表姨毫不客气地独享了牛肉丸子以后，她才告诉我们：她的同学给她介绍了一个在饭店端盘子的工作。但是，等她来了之后才知道，她的同学已经从那家饭店辞职了。妈妈和表姨继续聊着，我看看表，已经是深夜十一点半了，睡意来袭，我赶紧回到自己的屋里。

人生是个圆，有的人走了一辈子也没有走出命运画出的圆圈，她就是不知道，圆上的每一个点都有一条腾飞的切线。在这个雨夜，有了这样一次寻人的经历，我忽然感觉自己仿佛做了一件惊天动地的大事，就仿佛在我人生的圆圈上又找到了一条腾飞的切线。在最美的年华里，我一定要好好学习、努力发展，只有这样，长大后才更好地承担，才更有能力保护好妈妈，让妈妈过上幸福的生活……

我忽然发现，我内心的力量，已经越来越强大了。

时间都去哪儿啦

2014年5月9号，星期五，下午第二节，思想品德课。

闻钰老师像往常一样走进教室，依然是温柔的笑容，依然是飘逸的长发。可是，洞察力极强的我发现，今天，闻老师的表情其实有点异常，或者说是有些不太自然。

"2014春节晚会上，有一首歌给我的印象特别深刻。今天，我想与大家一起重温一遍。"闻老师开门见山说，然后她打开多媒体。于是，伴随着大屏幕出示的画面，教室里顿时响起了我熟悉的旋律。

大家立刻就安静了下来，只有王铮亮那优美的声音静静地流淌在每一个人的心里：

门前老树长新芽／院里枯木又开花／半生存了好多话／藏进了满头白发／记忆中的小脚丫／肉嘟嘟的小嘴巴／一生把爱交给他／只为那一声爸妈／时间都去哪儿了／还没好好感受年轻就老了／生儿养女一辈子／满脑子都是孩子哭

了笑了 / 时间都去哪儿了 / 还没好好看看你眼睛就花了 / 柴米油盐半辈子 / 转眼就只剩下满脸的皱纹了……

视频结束了。教室里出奇地安静，我看见闻老师眼里有泪花闪动。她缓缓地说："第一次听这首歌的时候，我真的是泪流满面。今天再听一遍，我依然想起了很多事情，头发花白的父亲，已经去世的母亲……"闻老师竭力控制着自己的情绪，继续说："我们是不同年代的人，今天就不说我了。说说你们吧，听完这首歌，你们想到了什么？"

大家你一言我一语，争相表达自己的感受，同学们表达的内容基本一致：这首歌让自己想起了父母的辛苦和不容易，有几个女生说到动情处，还不由自主地哽咽起来，大家也都为之动容。

闻钰老师表示感同身受，然后她话题一转说："这一周的周日是一个比较特殊的日子。谁知道是什么日子啊？"

"什么日子，星期天啊。"郝成龙说。

"母亲节！"倪萌恍然大悟地说。

啊？对！对！是啊……大家都附和。

"对，是母亲节。"闻钰老师说，"我们每一个人，从牙牙学语，到蹒跚走路，再到现在的充满思想、茁壮成长，都离不开父母的关心、爱护和支持。匆忙的时间像一把刻刀，刻出了我们现在的模样，也把我们的成长，刻在了父母的皱纹里……5月11号是母亲节，6月15号是父亲节。现在，你想对自己的爸爸妈妈说点什么？请用自己喜欢的方式表达一下吧。"

虽然闻钰老师的语调比较平静，但我看见，她眼里的泪水已经流到了脸颊上。

我知道，她的妈妈已经去世多年了。有一种痛苦是子欲养而亲不待——她曾经告诉我们的。

教室里异常安静，我想同学们一定在轻轻地叩问自己的心灵：爸爸妈妈，你们的时间都去哪儿啦……

教室里开始有悉悉索索的声音，大家拿出纸笔，准备写些什么。

我看见倪萌在画一幅画。我拿起钢笔，决定给妈妈写一封信——

亲爱的妈妈：

此时此刻，我这样称呼您，丝毫没有感到肉麻。

再过两天就是母亲节了，同学们都在用自己的方式向妈妈表达自己的心声。我想了半天，不知道该对您说些什么，才能真正表达出我现在的心情。虽然我现在的心情的确有点激动，感觉自己没有思路，也没有头绪，但是，我说的都是心里话。

妈妈，您一直在用行动告诉我：尊重是最美的表达。进入初中，我的叛逆心很重，但是您从不强求我必须做什么。在很多问题上，您一直尊重我的选择而不是强迫。您凡事先让我自己拿主意。你让我去做一件事情，即使不满意，也不骂，更不会代替我做，只是用我不反感的方式指点一下，给我一些意见和建议，并鼓励我下一次做得更好。我现在明白了，您一直在尊重我的同时，有意识地培养我的独立性。现在，我确定自己有思想、有主见。而且，我不但学会煮面条、做西红柿炒鸡蛋，我还学会了您拿手的"虾头芹菜"和"冬瓜蛤蜊"。您不在家的时候，我能自食其力，还能享受做饭的乐趣。

妈妈，您关心我的学习，但从不过分关注我的考试分数，也从不把分数与物质挂钩。您一直强调要像考试一样认真做作业，像做作业一样轻松考试，只要考出自己的真实水平就可以。您总是主动给我零花钱、为我买生活中需要的东西。我说这算是对我好成绩的奖励吗？您摇摇头说与成绩没有任何关系。后来我听闻老师说：那种把考试成绩与物质利益挂钩的做法，很容易培养孩子的功利思想，而偏离了学习和生活的本质。我终于明白您那样做的道理。您说，在当今充满诱惑的时代，孩子不缺钱、不缺爱，到外面走弯路的概率就要小很多。可惜，上初中后，我放大了父母离婚给我带来的痛苦，只关注了自己失去了完整的父母之爱需要安慰而忘记了学习。

　　妈妈，您很喜欢读书，您说读书能增加生命的厚度。您经常说，阅读经典，是学好语文的关键，也是理解人生的重要途径。一个乐于读书的人，不但能清醒地认识自己，还能够清楚地认识别人。从小学开始，在您的引导下，我阅读了很多中外经典名著。每当写作文的时候，笔下的词汇、文采仿佛都自己跳了出来，使得我从从容容地就把作文完成。您经常说：如果读书时你的心情很愉快，就说明你已经达到了一定的境界。现在，读书不仅是我的爱好，也成为了我的需要。我体会到了文字的力量，我想努力达到读书的最高境界。

　　妈妈，闻老师曾经让我静下心来，找找自己的优点和长处，说这些优点和长处就是我自信的支点。现在，我发现：其实您一直在呵护我的自尊、扶持我的自信。当我做得对的时候，您会及时肯定我、表扬我。平时和同学、朋友谈到我的时候，也会充分肯定我身上的优点。我偶尔听到，表面上装得不在意，其实我很在意，得到肯定的这些优点，我会继续坚持，并会按照您描述的优秀的样子去校准自己的言行。当我做得不好或者做错了事情，您从不在公众面前训斥我，也不会把负面情绪过分强调和延伸，您一直在用自己的方式呵护我脆弱的自尊！

妈妈，今天，此时此刻，我忽然觉得，我真的有好多优点：我善良，我关心老弱病残；我懂得感恩、孝敬老人，人敬我一尺，我必要敬人一丈；我乐于分享、敢于负责、勇于担当；我很有正义感，我嫉恶如仇；我生活能自立，我会做饭，会炒菜，我开始自强⋯⋯

妈妈，写到这里，我忽然记起，甄山梅老师曾经推荐给我们阅读的长沙一名经常考第一的女生的发言。当时看后我就心有戚戚焉，还曾经慨叹半天。现在看，您的思想和那女生父母的思想基本相仿。可惜的是，人家的闺女那么出色，而您的儿子我却曾经这样无聊和彷徨。

妈妈，姥姥曾经多次对我说起您的辛苦和不易，让我一定要好好学习长大后报答您。可是，您却对我说：对我的报答不是很高的分数，而是从现在开始，好好活着，每一天都要活得好好的。所以，无论我升入初中后的学习成绩出现怎样的状况，您都鼓励我交朋友、看电影、打篮球，甚至适当上网玩游戏放松等等，这些都让我的生活很丰富，也让我的生活充满了爱、热情和激情。我现在终于懂得了：学习只是我生活中重要的一部分，但不是全部。妈妈，我对自己升入初中以后的自暴自弃行为深表歉疚和遗憾⋯⋯

妈妈，您的时间都去哪儿啦？

看看姥姥的笑容吧；看看您参与设计的这座城市的那座标志性大厦吧；看看我的个子已经一米七八啦；您的努力、坚强、细心地付出和教育影响，使我的心灵已经开出了灿烂的太阳花，而且一定会越来越强大⋯⋯

妈妈，您的时间都去哪儿啦？您的时间已经融入我的身体里，我的血液里，我的头脑里，我的思想里，我的未来里……

妈妈，过去的就让它过去吧，我已经长大。

妈妈，放心吧，我会努力的；我会记得您的话：既然志存高远，就要勇往直前。

语文老师说过：生活中的一个个挫折，就像冰糖葫芦一样，竹竿刺进了身体，却成为了一生的脊梁。甄老师说过：只要你的心是晴朗的，你的人生里就没有雨天。

现在，我感觉自己真的懂了。

妈妈，最后我想说：懂得放手的人得到更多；懂得遗忘的人快乐更多。请您遗忘过去的不快乐，以崭新的姿态迎接新生活吧。

亲爱的妈妈，过去的十四年里，我只是被动参与，给您增添了负担；请相信，在未来的日子里，我会主动努力创造属于我们的明天，并享受属于我们的幸福生活。

妈妈，曾经的岁月，已经悄悄流逝；现在的日子，我要活出精彩；未来的时光，请您满怀希望和期待。

请您相信我！

祝您母亲节快乐！

此致

敬礼！

您的儿子　肖胡图

2014 年 5 月 9 日

我的新"标签"

下课铃声响的时候，我的信刚刚写完。闻老师说，希望愿意分享的同学把自己写的信和画的画等交给她看看。

我毫不犹豫地把自己的长篇书信交给了闻老师。不仅仅是出于对闻老师的信任，说真心话，我感觉自己非常希望老师看看我说给妈妈的心里话，虽然不知道是为什么。

下了第三节课，思想品德课代表秦红雪就把交给老师的信和画发给了大家，但是，没有发给我。

"我的呢？"我问秦红雪。

"闻老师让你自己去她办公室拿。"秦红雪夸张地眨巴眨巴不大的眼睛，神秘兮兮地说。

"为什么？"我不解地问。

"因为你写得好啊！"秦红雪露出狡黠的笑容，意味深长地说。

嘿嘿……我竟然不自觉地笑了。的确，我自己认为写得确实不错。我迅速来到闻老师的办公室，她一看见我，就眉开眼笑地说："来，肖胡图，我正找你呢。"

"你写给妈妈的心里话，真不错，一看就是真情实感啊！"闻老师由衷地夸奖我，然后指着我的信说："你对自己的评价也很诚恳：'我善良，我关心老弱病残；我懂得感恩、孝敬老人，人敬我一尺，我必要敬人一丈；我乐于分享、敢于负责、勇于担当；我很有正义感，我嫉恶如仇；我生活能自立，我会做饭，会炒菜，我开始自强……'"

闻老师合上我写的信，然后看着我，几乎是一字一顿地说："我很喜欢你给自己贴的这些新标签：善良、敢于负责、勇于担当、自立、自强，你确实也是这样的。嗯，很好！肖胡图，我感觉你长大了。"

听着闻老师对我的肯定，我心里美滋滋的，不好意思地低下头，以示谦虚。

"今天放学回家，就把这封信交给妈妈，让她开心一下。"闻老师说。

"嗯，当然啦。"我使劲儿点点头，我就是这么想的。

"离放学还有一段时间，你现在没什么事情吧？"闻老师说。

"没有事情。老师，您有什么事儿啊？"

闻老师从桌底下拿出一个奇怪的杯子，杯子比较大，浑身贴满了各种各样的旧标签。

"你看这个杯子身上全是标签，要想全部弄下来是很麻烦的。"闻老师很无奈地说。

"这有什么难的？这些标签全是别人粘贴上的，又没有长在杯子的身上。"我端详着杯子，认真地说。

"哦，你说得对。别人能贴上的标签，咱就能把它们撕下来。你能帮我把这些标签撕下来吗？"闻老师说。

"当然可以啊，我知道好几种去掉标签的方法。"我说。

"嗯，好吧，就拜托你了哈。"闻老师看着我，信任的目光，暖如阳光。

我拿过杯子，仔细端详。我的天，杯子上贴的标签，简直可以称为标签大全。从内容上看：我渴了；我怕碰；我爱干净；等等，好多好多。从形式上看，标签五颜六色，字体变化多端，有手写的，有打印的，有拼音版的，有英文版的；有卡通的，温馨的，炫丽的，夸张的……一看就知道是被无数个人贴上的。还有一个写着"不锈钢内胆"，我打开一看，其实里面是玻璃的，肯定是有人乱贴的，也或者是贴错了。

这些标签有的是用透明胶贴上的，把透明胶带纸轻轻地撕掉，标签也就跟着被撕下来了。有的标签皱了，一看就是时间久了，慢慢地也就撕下来了。但有些标签，粘得比较牢固，非得动用我的拿手活——浸水了。

我端起办公室里的洗手盆，到洗手间里打了一盆水，然后把水杯放在里面，用手不断地翻转，让那些顽固型的标签浸在水里面。不一会儿，浸过水的标签上的胶水，慢慢地稀释了，黏性下降，这个时候，轻轻地用手搓洗，那些标签就彻底被去掉了。

我按部就班地做着这些，闻老师一直在旁边看着，不说话。看我全部把标签去掉了，她才说："虽然费尽周折，但是，你最终把所有的旧标签都撕掉了。我说得没错，你长大了。"

我一时没明白过来，然后，我看到闻老师笑意盈盈的脸上意味深长的眼睛，那双漂亮的眼睛好像在说："你身上也有过很多错误的、没用的标签啊，别人贴的，你自己贴的，但是你自己能够撕掉啊。"

我感觉自己忽然被重重地拍了一下似的，心情豁然开朗又有些复杂。我没有说话，只默默地把干干净净的杯子交给了闻老师。

闻老师接过去，然后又把它交给我说："我把它送给你，回家当个笔筒用吧。你可以再给它贴上新的标签。"

我接过杯子，用力点点头，感觉自己一下子就明白了很多很多。我说声"谢谢"，然后挥手跟闻老师道别。

走在回家的路上，闻老师的话仿佛还在耳旁回响。我明白闻老师的良苦用心了。我曾经给自己贴上了很多诸如"家庭不幸""非常可怜""需要同情"的标签，曾经被人贴上"不学习""不认真""玩世不恭""问题少年"的标签……这些标签，曾经成了我不求上进的借口，让我不断地否定自己，失去了自我的同时备感失落。尤其是被"问题少年"的标签压得喘不过气来的时候，如果我继续浑浑噩噩，就真的完全成为问题少年了，这个标签也就真的变成我人生的转折点了。还好，因为有甄老师、闻老师和妈妈的宽容、提醒和帮助，还有我自己的反省、努力和自律，终于慢慢撕掉了那些令人讨厌的旧标签，这，也是我人生的转折点啊……

在这个温暖的五月的下午，我暗暗下决心，从今以后，就像我在信中对妈妈说的那样，我要给自己贴上各种美好的标签，每一个标签，都在表明"我现在另有选择"，我就是我的选择的总和。

突发奇想，我决定立即就到超市，买两个杯子，然后贴满各种曾经让我们成为"问题少年"的标签，一个送给张一峰，一个送给郝成龙，然后，让他们自己动手撕掉旧标签，就像闻老师让我做的那样……

此时，夕阳西下，晚霞如花。

明天，一定是一个崭新的晴朗的天吧！

后　记

写一本满意的书，就好像孕育一个可爱的孩子。如果真的可以这样说，那么，这本《标签》该是我的第三个孩子了。

这个"孩子"的诞生，源于一个我自认为是"天上掉下来的馅饼"。

2012年10月，我有幸被录取参加山东省第九届青年作家（儿童文学）高级研讨班。在去高研班之前，我只是一个给自己准确定位为"始终以为人师表为荣，偶尔以排列文字为乐"的普通初中老师，所以，我是怀揣着"享受馅饼"的心态来到高研班的。

可是，来到高研班之后我吃惊地发现：我高研班的同学，个个都是在儿童文学领域里已经成绩斐然的作家。

这让我心怀忐忑。因为我觉得，如果把儿童文学比作是一个鲜花盛开、芬芳四溢的大花园，我充其量也仅仅算是一个在这个花园边上默默种菜的人，而且，还属于"今天种棵白菜、明天种棵萝卜"的那种。过去，究竟自己种的菜能不能丰收，受不受欢迎，几乎都不在我考虑范围之列。无论自己种的是什么，能否有收获，我都很享受这个种菜的过程，并一直自得其乐着。

所以，在开班第一天自我介绍的时候，面对诸多已经在儿童文学大花园里种满鲜花的作家同学，我发自肺腑也大言不惭地说自己是来打酱油的。

而让我惊喜不已的是，在这个高研班接下来的几天里，在聆听各位作家教授们讲课的过程中，我感觉自己不仅打到了酱油，似乎还闻到了传说中的满汉全席的各种菜香。我觉得自己领悟到了文学作品的魅力和美妙，还有其震撼心灵、传递能量的巨大作用。老师们的讲座，仿佛为我打开了一扇窗，让我感受到了在儿童文学大花园里种花的快乐，闻到了儿童文学之花的芬芳。

那些天里，我一边为自己少得可怜的儿童文学作品诚惶诚恐着，一边为自己史无前例的巨大收获洋洋得意着。

有一天，中午吃饭时，我正兴致勃勃地和同伴反思着不足、热聊着收获，一位很有成就的同学终于忍不住问我："你是凭什么来高研班的？"

我顿时哑口无言，也感到万分羞惭。虽然那时候我发表过文章近百篇，已经出版了一本个人作品集《最美的关系》，第二本书《说给爸爸妈妈的心里话》也即将由济南出版社出版，但是，与获过儿童文学大奖的同学相比，这些真的是不足挂齿。

同学的无心质问，让我深深地感到惭愧。不怕各位笑话，那时那刻，年逾不惑的我暗下决心：一定要认真听讲、认真思考、认真做笔记，争取以后通过努力也在儿童文学的大花园里种一棵属于我自己的花。

高研班结束后，工作之余，我一边参加全国心理咨询师的学习和考试，一边把高研班各位老师推荐的儿童文学方面的书一一阅读，又收获了很多未曾有过的体验和感悟。之后，就陆续有了关于这本书的一些文字。

之所以选择这样的一个人物故事，与我的工作不无关系。我是一个工作了二十多年的一线教师，天天面对也最了解的就是这些原本单纯可爱的初中孩子。我最关心、最关注的就是这些初中孩子的心灵能否得到家长的精心呵护和老师的正确引导而得以健康成长。

理想中，进入初中校园，我们看到的应该是一张张充满阳光的脸和一双双充满朝气的眼睛。那些眼睛应该充满着青春的活力，散发着希望的光芒。可是，由于家庭、社会、学校、老师等各种因素的影响，一部分孩子尤其是离异家庭孩子的生活过早地失去了阳光。

在这些孩子的身上，都或多或少地贴着各种各样的标签。这些标签，有的是他自以为是的结果，有的是被别人有意无意贴上的。有的标签，会让他产生无穷的积极向上的力量，使他在不断发现自己、成就自我的过程中，健康成长；而有的标签，却充满了足以把孩子打入万丈深渊的负能量，使他看不到任何希望。所以，我希望这本书，能真正给为人父、为人母、为人师的人们哪怕是一点点儿启发和感悟。

通过这本书，我想告诉老师和家长：不要轻易给孩子贴上各种各样充满负能量的标签，一个标签可能就是一个转折点。真正存在问题的不是孩子，而是家长和老师看待孩子的眼光和对待孩子的方法。家长和老师自身的学识和修养，对孩子有着无可替代的影响。教育就是培育孩子的精神长相，家长和教师的使命就是让孩子逐步对自己的精神长相负责，让他学习人生智慧，激发人性光辉，不断发现自己、成就自我，最终过上幸福健康的生活。

有人说：教育的最终目的是让孩子有能力创造幸福生活并享受生活。所以，我还想通过本书对初中孩子们说：既不要随便给自己乱贴标签，更不要让别人贴在自己身上的标签影响了自己的生活方向。要自尊、自信、自立、自强，才能有能力创造幸福生活，使自己在最美的年华里更加健康快乐地成长。

记得余秋雨先生在《何谓文化》中说过，文化的根本目标就是传播爱和善良。这句话给了我很大启发。我相信文字有着无穷的力量，我希望自己的文字能够传播爱、责任和善良，能够传递正能量。

还记得高研班老师讲课时读了一段文章，那文章虽然语言很美很美，但感觉不真实，不是出自一个儿童的眼睛和心理，所以，真实真诚，是我唯一想要尽己所能做到的。

我一直觉得，能做中学生们的"传声筒"，是一件非常美好的事情。能得到出版社和广大家长的肯定和认可，又让我感到无比快乐。在此，对一直支持、不断鼓励、充分信任我的学生和出版社的编辑老师们，由衷地说一声谢谢！我会继续努力的。

最后，我还想说的是：我知道自己的水平有限，所以从来就没敢把自己当做作家，仅仅是觉得自己有些想法需要表达，因此，对于我表达能力的欠缺和不足，还望有缘见到本书的读者海涵。

不胜感激。

仪修文

2015年1月28日